北大领导课

李世化 ◎ 著

中国商业出版社

图书在版编目（CIP）数据

北大领导课/李世化著. -- 北京：中国商业出版社，2019.10

ISBN 978-7-5208-0932-0

Ⅰ. ①北… Ⅱ. ①李… Ⅲ. ①领导学—通俗读物 Ⅳ. ① C933-49

中国版本图书馆 CIP 数据核字（2019）第 222737 号

责任编辑：刘毕林

中国商业出版社出版发行
010-63180647 www.c-cbook.com
（100053 北京广安门内报国寺 1 号）
新华书店经销
北京京丰印刷厂印刷
*
710 毫米 ×1000 毫米　16 开　16.5 印张　220 千字
2019 年 10 月第 1 版　2019 年 10 月第 1 次印刷
定价：58.00 元
****
（如有印装质量问题可更换）

前言

俗话说："火车跑得快，全靠车头带。"企业成败的关键就在于其领导者的水平。高水平的领导者，可以使一个风雨飘摇的企业转危为安，带领员工创造出更大的辉煌；而一个水平不高、能力不够的领导者，却只能带领企业步入没落。

衡量领导者水平的尺度有很多，比如管理能力、个人品德、为人处世的方式等，都可以在一定程度上体现出领导者的能力与修为。而领导者自身的素质，也直接影响着其麾下人员和企业未来的命运走势。

历经百年沧桑的北京大学（本书简称北大），已经形成了其独有的人文精神与领导魅力。而这也正是无数北大人能够成为社会精英的重要因素，比如俞敏洪、李彦宏、王志东、李宁等。如今，形成了一个约定俗成的传统，那就是每到过年的时候，一些北大毕业的企业家会到北大聚会，大家一同交流行业现状、领导作用、市场发展等一些在工作中遇到的问题和打拼的心得，以此来相互鼓舞。

俞敏洪曾在一次讲话中说道："进入北大，我感觉到的是一种气质，是一种精神。那种气质和精神，潜移默化地影响了我们一辈子。"有人问俞敏洪的创业如何能获得成功，他给出的答案是："在北大经常散散步，多加入一些和现实不相关的社团，再读一些和现实不相关的书，比如说《红楼梦》、罗素的《西方哲学史》、朱光潜的《西方美学史》……北大的这种精神气质，如果用一些我们所熟知的话来讲，就是独立之人格、自由之精神，不算北大校训但胜似北大校训。"

对于一个领导者来说，有多大的胸怀就能干成多大的事业，这正体现了北大一直提倡的"兼容并包"精神。而那些内敛谦和、淡定睿智、终身学习、淡泊名利的素养，在北大人身上也体现得淋漓尽致。

在当今这个经济飞速发展的时代，每个渴望长久发展的组织或企业，都面临着各种机遇与挑战。管理可以学习，魅力可以培养，一个领导者只要充分认识到领导者应该具有的某些素质的重要性，对自己身上已有的优点加以发扬，对自己没有掌握的领导手段深入学习，就一定能够培养出属于自己的领导魅力。

阅读成功者的事迹，能够帮助我们寻找到一条北大培养领导者的脉络，向成功者学习，能够让我们向成功的领导者之路靠拢，这也就是我们研究北大采取何种方法培养领导者的目的。

本书中，我们挖掘、梳理了很多关于北大知名人物的真实故事和言论，以及古今中外著名的优秀领导者的典故和故事，涉及拼搏的精神、创新的思维、成功者的心智、名利的得失等领域，可以说涵盖了做一个领导者的方方面面，希望能够为广大读者在创业及守业过程中提供有益的参考和指导。

目录

第一章 脚踏实地，撸起袖子带头干 001

    1. 志在天边也要从脚下开始 001

    2. 事业是干成的，不是吹成的 004

    3. 要干成事，先干实事 007

    4. 少一点浮躁，多一点务实 010

    5. 有想法，更要有行动 013

    6. 切莫急功近利，一步一步向目标靠近 016

    7. 基础非小事，夯实要用心 019

第二章 喊破嗓子，不如给下属做出样子 022

    1. 正其身，不令而行 022

    2. 想有位先有为，成绩就是说服力 025

    3. 领导力源于以身作则 029

    4. 说到做到，就是一种影响力 032

    5. 责人之前勿忘先省己 035

    6. 必须有人身先士卒 037

第三章　韬光养晦，领导者要不计一时得失　041

1. 放下身段好好做事　041
2. 先保住自己再求发展　044
3. "低"比"高"更适宜生存　047
4. 耐住性子，稳住步子　050
5. 在逆境中坚持自己　052
6. 不逼自己一把，你永远不知道自己有多优秀　055
7. 机会永远垂青有准备的人　058
8. 遭受重创后，一定要东山再起　061
9. 人生是一场马拉松，赢到最后才叫赢　064

第四章　胸怀大志，但更要从细节入手　068

1. "差不多"会造成工作中的悲剧　068
2. 善于在细节上下功夫　071
3. 举手投足不可马虎　074
4. 谨慎，别让患得患失"断送"你的未来　077
5. 落实工作中的每一件小事　080
6. 精益求精，努力做到100%　083
7. 关注细节，但不拘泥于细节　086

第五章　厚德载物，江山之固在德不在险　090

1. 无好德者莫为官　090
2. 推功揽过乃大智慧　093
3. 得饶人处且饶人　096
4. 正直的你可以笑傲江湖　099

5. 宽容让路越走越宽　101

6. 让道德修养日有所进　103

第六章　坦然淡定，泰山崩于前而色不变　107

1. 处变不惊，每临大事有静气　107

2. 在特定的场合要保持必要的深沉　110

3. 在被中伤时保持冷静　113

4. 发怒时要见好就收　116

5. 小不忍则乱大谋　119

6. 把喜怒哀乐装在口袋里　122

7. 面临绝望更要坚持　125

第七章　大肚能容，度量越大成就越大　128

1. 宰相肚里能撑船　128

2. 忍他人之短，容他人之长　131

3. 不念旧恶，可成大事　134

4. 有虚心向别人求教的雅量　137

5. 敢于进行自我批评　140

6. 敞开胸襟，采纳逆耳忠言　142

7. 以德报怨，拓宽你的人生境界　145

第八章　干练果断，领导者有魄力更有魅力　148

1. 琐事不管，大事拍板　148

2. 该做决断的时候就是要狠一点　151

3. 魄力绝对不是专横跋扈　157

4. 在众人争执不休时，要有主见　160

5. "多谋"更要"善断"　163

6. 不要总是期待"万事俱备"再动手　165

7. 现在就行动　168

第九章　内敛谦和，低调为人更接地气　171

1. 才华不逞，方有任重道远的力量　171

2. 居功至伟，仍需夹着尾巴做人　174

3. 可以聪明，但不要处处显得聪明　177

4. 承认错误，不找托词　180

5. 假装笨拙是一种生存策略　183

6. 夫唯不争，故天下莫能与之争　186

7. 功成身退为明智之举　190

第十章　坚守底线，用定力抵御诱惑　194

1. 莫伸手，伸手必被捉　194

2. 看不淡名利，就少不了困扰　197

3. 省身克己，不求虚名　200

4. 心中无欲则天下豁达　203

5. 没有什么不可以放下　206

6. 随时收步，让心灵休个假　209

7. 化繁为简，让自己从此不再纠结　211

第十一章　积极乐观，给下属创造并传递正能量　214

1. 既要尽心竭力，又要淡泊达观　214

2. 微笑面对困境 217

3. 不为一时的成败所困扰 220

4. 让积极思考成为一种习惯 223

5. 多用积极暗示，提升团队士气 226

6. 摒弃阻碍你行动的消极思维模式 229

7. 先相信自己，然后别人才会相信你 231

第十二章　终身学习，不断地完善和精进自我 234

1. 意识到无知，是有知的开始 234

2. 以知识丰富头脑 237

3. 学习是为了创造 240

4. 在反省中找到进步的支点 243

5. 善于从失败中吸取经验教训 246

6. 欣然地去接受批评和建议 249

7. 以怀疑的眼光看待事情 252

第一章

脚踏实地，撸起袖子带头干

1. 志在天边也要从脚下开始

巨大的建筑，总是由一木一石叠起来的，我们何妨做做这一木一石呢？我时常做些零碎事，就是为此。
——鲁迅

鲁迅，中国著名文学家、思想家，曾任北大讲师。

古往今来，除了那些果真视名利如粪土的人，几乎每个人都对成功有着迫切的渴望。比如，读书人整日梦寐以求的是金榜题名；步入仕途之人怕是夜夜都在渴望着黄袍加身；怀揣鸿鹄之志的人无时无刻不在想着如何才能功成名就……无论怎样，怀有梦想总归是好的。但梦想成功的同时，我们也要清醒地认识到：志在天边也要从脚下开始。

古语有云：将帅必起于卒伍，宰相必起于州部。这世上本就没有一蹴而就的美事，所有的成就无一不是在酝酿中慢慢发酵，所谓聚沙成塔，要想出人头地，还需一步步来。

1957年，怀揣着雄心壮志的李嘉诚亲自前往意大利，目的是要考察塑胶花的生产流程和销售市场。首先，他以香港经销商的身份进入了一家公司，告诉对方，自己准备在香港推销该公司的塑胶花。他向接待者仔细询问了有关塑胶花的知识，差不多待了一整天，最后才买了几种款式和颜色的塑胶花，声称准备带回香港试销。

样品有了，但是具体的生产工艺和配色、调色等方面的知识及技术，李嘉诚一无所知。他灵机一动，去这家公司应聘打工了。于是，他从此就开始了整天推着小车在厂区里的各个工段里走来走去的日子，眼睛也在走来走去的途中不停地四处搜寻。从生产工艺到调色、配色，李嘉诚将整个工厂的所有生产流程都收于眼中。不仅如此，李嘉诚还经常与厂里的老技术工交流，听他们自豪地炫耀一些好的技术窍门。

在将意大利塑胶花推向市场时，李嘉诚跑了好些花店，了解销售情况。他发现，塑胶花市场前景正如他预想的那样广阔。于是，不久之后，他便踌躇满志地带着几箱塑胶花样品和资料，回国开始了拓展事业之路。

事实证明，他的一系列"底层工作"的铺垫至关重要。1958年，李嘉诚的长江工业公司就在塑胶业异军突起，取得令人瞩目的业绩。李嘉诚也由此获得"塑胶花大王"的美称。塑胶花的成功，同时也滋长并坚定了他建立伟业的雄心。

荀子在《劝学》中说："不积跬步，无以至千里；不积小流，无以成江海。"一个人的志向再怎么崇高远大，如果不肯踏实地走出第一步，而是单纯地沉浸在想象与构思中，那么无论如何也实现不了自己的志向。

始于足下的千里之行，是一个漫长而又艰辛的过程，靠的是坚定的恒心、顽强的毅力和坚韧不拔的干劲。无数事实证明：事业有成者和碌碌无为者的差别，不在于是否树立了远大的理想，也不取决于有多大的工作热情，往往是由能否始终坚持每天向目标迈进所决定的。

作为领导者，在领导一个组织或一家企业的过程中，超常的耐心与点滴积累显得尤为重要。有的领导者一旦在工作中遇到点困难就打退堂鼓，以致前功尽弃；而有的领导者每天都能脚踏实地，并长期坚持，带领员工勇往直前。

前美国联邦农业融资总署副署长陈达孚先生，在几十年政、商的生涯中经历了数不清的狂风暴雨，他深知政治操作的不易，也饱尝政治人情的冷暖。

陈达孚曾说："我当初接手的工作，都是找不到人肯干的烂摊子，我想活下去，就得要靠着自己的聪明才智和努力奋斗，一步一步来，最终才能得到高层领导及总统的赏识。"

他亦曾说："华人从政，更要脚踏实地，做任何事都不可以掉以轻心，不能心急，更不能取巧，切需谨记。'华人从政'，任重而道远，只要华人人心一致，脚踏实地，不怕失败，吸取教训，总有一天，我们华人在美国主流社会中会赢得一定的地位。"

比阿斯曾经说过："这个世界上从来就没有失败者，只要你选择了从容地去做一件事，坚持到底，就一定能获取成功。"但是，仍有不少领导者将"成大事者不拘小节"挂在嘴边，在他们看来，领导者就是要干大事的人，至于那些微不足道的小事，都是些没用的。其实这种想法大错特错。

谁都不是天生的领导人才，那些身居高位、一统全局的领导者，无一不是一步步走上领导岗位的。正所谓"一屋不扫，何以扫天下"。一个人要是做不到最起码的脚踏实地，连身边、眼前、手里等触手可及的小事都做不好，又有什么理由成为领导者去做大事呢?

由此看来,奉劝那些向来以"志向宏大"为借口而好高骛远的人,每一件看似不起眼的小事,都是某一件大事的构成部分,我们只有用尽全力去做了,才能够获得命运的青睐,一步步成为领导者。

2. 事业是干成的,不是吹成的

独立思考,实事求是,锲而不舍,勤能补拙。 ——周培源

周培源,曾任北大教授,1978年7月至1981年3月任北大校长。

人们常说,与其坐而论道,不如起而行之。事业是干成的,不是吹成的;局面是"打"开的,不是"喊"开的。事实上,"奋斗"二字的深意,既在于埋头苦干,更在于认准了就干,切忌高谈阔论、纸上谈兵,否则就会误事,一切理想蓝图都将成为泡影。

领导者要干大事,更要干实事,没有任何一件事情会在夸夸其谈中得以实现。放眼看那些成就一番大事业的领导者,无一不是经历了无数苦难与风浪,才走到今天这个位置。

鲁冠球15岁辍学,做过锻工,最初的理想是当工人。"很简单的道理,要摆脱贫困。农民真的是面朝黄土背朝天,早上三四点钟,天蒙蒙亮就出来种菜,好的卖给城里人吃,坏的、差的自己吃。晚上,蚊子很多还在外面劳作,就这样,都富不起来。"

为了寻求脱贫的门道,鲁冠球屡战屡败,又屡败屡战。他说:"那时候都搞计划经济,私人搞机械要用计划的电就不行。我搞了6

年，搬了7个地方。"那段时间他最大的苦闷是"不被承认，没有被评上先进，拼命干也没有什么荣誉"。

但凡成就大事的人，无一不是在冰与火的锻造中走出来的。鲁冠球后来成为浙江万向集团董事局主席兼党委书记，并在1985年被《半月谈》评为全国十大新闻人物。他创造的民族品牌万向集团，曾是国家520户重点企业和国务院120家试点企业集团之一。

回首自己的创业往事时，鲁冠球用一句话概括："一切都是干出来的。"

他曾语重心长地告诉那些梦想着干大事业的年轻人："只要你尽心、尽责、尽力去做一件事情，当别人工作5天，而你365天都不休息，别人在过年初一，而你还在接着干，那么你一定能成功，这就是我的成功秘诀。怨天尤人没有出路，消极悲观走向死路。天上不会掉下馅饼，地上也没有免费的午餐，我们只有扎扎实实地干，一切都是干出来的。"

不用怀疑，事业只有在"实干"之下才能体现它本身的价值，离开了脚踏实地的行动，一切都是空谈。

与实干相反、与吹牛相近的另一种"实现"伟大事业理想的手段，便是空想——这也是比较常见的一种心理状态。一般来讲，空想家有两种，一种是光说不练假把式，坐等天上掉馅饼；还有一种，大有拼命三郎的劲头，一马当先不计后果。但他们都有一个共同点——过于对运气寄予厚望。

曾担任英国航空部部长的比佛·布鲁克说："我常警告追求成功的人，不要依赖运气，没有任何想法比依赖运气更愚蠢、更不切实际的。这个世界依循因果关系在运作，运气可以说是不存在的。有时你以为某人成功得很侥幸，但他为成功所付出的代价岂是你能体会的？"

相信运气会从天而降的人,或者是眼巴巴地期待着成功会从天而降,给生活带来一个戏剧性的转变;或者认定了自己只要行动了就必会成功。殊不知,这些都只是神话而已。

有这样一组漫画图:

第一幅,一个年轻人悠闲地躺在沙发上,手里握着一把蒲扇,身旁的茶几上放着一杯冒着热气的茶与一本精美的书;

第二幅,年轻人眯起眼睛浮想联翩:在不远的将来,我会成为获得诺贝尔文学奖的作家,我还要当比毕加索还知名的世界级画家……如此想着,他不禁高兴地笑出了声;

第三幅,日子一天天过去,年轻人青丝变白发,手里的蒲扇破了,崭新的沙发旧了,书本化作了灰尘,热茶变成了几片飘零的树叶;

第四幅,已到了迟暮之年的他,后悔不迭:当初要是付诸行动就好了,而不是将生命寄托于天降好运,就不至于落到今天这步田地!

著名导演赵宝刚曾说:"大多数时候生活并不如我们所想象的那样,所以说如果不能将空想转化为实干,那么它除了给我们营造虚妄的美好外别无意义。要想有存在感就应当脚踏实地地生活,不要做空想家。" 即使有着过人的天赋,假如时时妄想靠撞运气来获得成功,不按照"一分耕耘,一分收获"的思想行事,那么也只能落个穷困潦倒的境地。

相信运气的人始终都逃不掉愚蠢、肤浅的标签。也许就是因为我们太依赖运气,太想让一份好运带着自己撞到那个"命中注定",而忽略了另外一点:成功永远只垂青于有准备的人。

因此,那些整日梦想着成为伟大领导者的人,从现在开始,还是积极行动起来吧,不要再天真地将"事业有成"尽数寄托在吹牛与空想之上,那样除了

第一章 脚踏实地，撸起袖子带头干

让人堕落，并不能让生活有任何实质性的改变。

3.要干成事，先干实事

> 干实事，求实效，不搞短期行为，不做表面文章。　　——邱水平

邱水平，北大党委书记。

有句话说得好："让想干事的领导有事干，让能干事的领导干成事，让干实事的领导干大事。"干部在工作中决不能安于现状，而应当适应形势，不论做什么工作、在哪个岗位上，都要努力工作，而不是注重表面、敷衍了事。

有许多领导者在面对一些难以定夺的决策问题时，只想不干，最后只会错失良机，一事无成。要知道，天才和成功，从来都不是从天上掉下来的，而是经过自己的努力和付出争取到的。因此，为了改变光说不练假把式的被动局面，我们必须避免行动前那些无聊的"口水之争"。

1989年7月，出类拔萃的北大毕业生王文良被分配到北京市政府机关。当时，他给自己定的目标是：两年内当上科长，五年内当上处长，十年内当上局长，十五年内当上部长。王文良对自己充满信心。

每天上班，王文良总是早到，把整层楼的地都擦了，把各办公室的开水都打好，然后就专心致志地学习业务。另外，他还利用业余时间写了一篇12万字的业务论文，直接交给了局长，想以此证明自己的能力。但局长看完后只是象征性地夸了他几句，就没再提这事了。

这件事之后，王文良对自己要求更严格了。全处组织学习时，王文良负责记录，晚上回到家他会把当天的会议记录重新整理一遍，第

二天交给领导审阅。不久后，王文良得到领导的通报表扬。此时，他才明白，原来领导喜欢干实事的人，不喜欢过于表现自己的人。

后来，王文良给自己进行了重新定位，意识到自己在工作中期望值过高，使得自己脱离了实际。由此，他萌生了离开机关，从社会一线做起的想法。就这样，王文良走上了销售道路，并取得了巨大成功，被誉为中国销售学创始人，还成了中华企管培训网的特聘讲师。

工作上类似于这样的情况不少见：那些默默无闻、踏实上进的人往往最能得到上级的青睐，会较为容易地达到自己的目标；而那些看上去好像整天很忙的人却并不如意。原因不难得出，那就是他们没有实际地去忙，只是将时间都花在了表面工作上，这样的行为给他们带来的不仅不是理想中的结果，反而还很可能是负面影响。

每个领导者都希望组织或团队在自己的一手领导下干出一番轰轰烈烈的大事业，有的领导者如愿达成了这个愿望，而有的领导者却是黯然收场。究其原因，不难发现，前者能够狠抓落实，将自己融入领导班子中，干的都是实事；而后者却将大部分时间与精力放在了做表面文章上，只要看着像样、能应付过上级检查就行了，如此心态和行为，怎么能干出大事业来？

人生道路上面临很多选择，事业亦如此。有时候，当一个人主动选择了自己的事业方向，便会为之付出一系列努力，而干实事，在这里就显得尤为重要。

2007年，从英国留学回国，摆在徐伟眼前的事业之路有两条，要么应邀到北京一家大型公司上班，要么留在家乡芜湖自己干一番事业。权衡一番，徐伟选择了后者。

2008年，徐伟经过市场调查意识到，芜湖已步入加速发展的阶

第一章 脚踏实地，撸起袖子带头干

段，各种人流、物流、信息流、资金流在此汇集，这也为芜湖互联网的发展带来前所未有的机遇。通过市场细分的调查研究，他发现针对市民生活服务的网络平台空间尚未饱和。"瞄准了机遇，就得抓住它，不然转瞬间就会溜走。"于是徐伟创办了一家名为"芜湖圈文化传媒有限公司"的网络企业。

办网站不简单，仅前期的软件开发、后台维护、市场开拓等就要有一个很长的积累过程。时间一晃而过，2009年徐伟开发的网站业务才算正式起步。目前，该网站的日均点击量逾万人次，浏览量达到15万人次左右。

徐伟的公司招聘的大多是刚毕业的大学生，他说，吃苦干实事才是创业的根本，现在大学生就业压力比较大，因此很多人都想到创业。但光有激情不够，学习技能、积累经验也相当重要，在创业前可以根据自己的创业方向去求职，俗话说得好，磨刀不误砍柴工。

有记者问徐伟创业有什么秘诀，徐伟给出了一个公式：有激情+抓机遇+干实事=成功路。

曾有个年轻人心血来潮想写交响乐，于是便跑去求教莫扎特。莫扎特对他说："你还是先学习学习怎么写儿歌吧。"年轻人很不满地说道："可是，你10岁的时候，不是就已经开始写交响乐了吗？""没错。"莫扎特答道："我10岁就开始写了。但是，我从没有问过别人该怎么去写。"

有句话说"心有多大，舞台就有多大"。但更确切地说，应该是"心再大，只有行动起来干实事，才能撑起大舞台"。

有位成功人士在一次演讲中这样说道："或许你有一流的口才，也或许你精于演说和辩论之术。但是千万不要滥用这种本事，也千万别为口头上占到上风而沾沾自喜。因为我们老祖宗有句话叫'光说不练是嘴把式'，只说不练，只会令你失去更多。如果不想变成夸夸其谈的浅薄之辈,不如先干后说吧!"

《论语·为政》中,孔子曾教育众弟子:"先行其言,而后从之。"意思是说,真正的聪明人,不会喋喋不休地把自己所想、所要达到的目标说出来。他们往往是等到事情都已完成了,目的已达到了,才风轻云淡地道出内中乾坤。看来,要干大事的领导者,当务之急还是抛开一切表面工作,全身心投入干实事中。

4. 少一点浮躁,多一点务实

同是读书人,读同类的书,只讲数量,18岁的不会比80岁的读得多。这不成问题,所以刚上大学不必为不如老教授读书多而着急。应当问的是:自己究竟超过了那位80岁的老人在18岁时的情况没有?若是超过了或大致相等,就可放心;若是还不如,那就该着急了。

——金克木

金克木,著名学者,"燕园四老"之一,北大著名教授。

古人有言:"非淡泊无以明志,非宁静无以致远。"宁静所以能够致远,是因为只有心静下来,才能坐得住,才能聚精会神地学习和工作;心静不下来,将一事无成。因此,明末大儒吕新吾说:"安重深沉是第一美质,定天下之大难者此人也,任天下之大事者此人也。"

毋庸置疑,若想成就大事业,光有过人的才能还不够,还需要有强大的心理素质。具体来说,才能是一个人的内在素质,而外部的环境总是风云变幻的;如何在风云变幻的环境中还能保持一种良好的心态,让才能得到正常的发挥,这就需要我们拥有冷静、理智的心态。

第一章 脚踏实地，撸起袖子带头干

东晋政治家谢安，年轻时曾和几个朋友雇了一条船出去玩。船开了一半，忽然天气变了，风起浪涌，朋友们个个张皇失措，嚷道："回去吧，太危险了！"但谢安却不搭腔，自顾自地昂头吟诗、低头喝酒。看到谢安这个样子，大家也不好说什么，于是也就安静了下来。

没过多久，江上的风越来越急，水浪扑打得小船摇摇晃晃。大家更加害怕了，坐立不安地在船上走来走去，船身更加不稳，摇摇摆摆，好像随时可能翻船。看到大伙儿心慌意乱，船夫也被搅得心神不宁，连桨也拿不稳。

看到此情形，谢安大声说："像你们这个样子，大家一辈子都别想回去了！"大家这才了解现在是危险的时候，必须镇定下来。于是，一个个不再多嘴多舌，安安静静地回到了座位上。船夫也定下心来，沉着地控制着船桨，凭借着经验与风浪搏斗，终于把船安全地驶回岸。

都说性躁难成大事，事实也确是如此。一个性子急躁的人，遇事必定没有一个明确的观点和正确的主张，尤其是在遭遇到危难、抉择、意外等事态比较严重的情况时，更是心乱如麻，不知意欲何为——如此焉能成大气候！

汪中求在《细节决定成败》中写道："总觉得当今时代四处热气腾腾，一派欣欣向荣；但细心观察又觉得不少人心浮气躁，不少事浅尝辄止。"细细想来，我们确实生活在一个五彩缤纷的世界里，社会分工趋于精细，知识更新不断加快，城市建设日新月异，生活节奏越来越快……让我们不禁有些热血沸腾，心气也变得浮躁。

与浮躁相生相克的心态便是务实，因为可以保证头脑冷静，而头脑冷静是每个领导者做出正确判断的前提，进而才能有一个好的选择或状态。比如，在我们身处危机无法脱身的时候，沉着的心态也至少可以保证我们不会给自己带来太大的心理负担，进而慢慢将危机熬过去。

2002年，张欢从瑞士学习酒店管理归来后，在一家五星级酒店工作。因为不喜欢总为别人打工，他想要自己创业。创业初期，资金严重匮乏，他认识到开餐厅投资会比较大，于是决定先从门槛比较低的盒饭做起。

一个人卖盒饭有些吃力，张欢就拉上几位对餐饮同样感兴趣的"海归"一起创业，并为自己的盒饭公司取名"捷星"。张欢说，他是用五星级酒店的餐饮理念来做盒饭，不仅原材料要保证绿色放心，就连装盒饭的盒子也是专门借鉴日本的先进经验，不洒不漏无污染。

靠卖盒饭起家，捷星公司现在还承担了很多大型展会的外卖，以及大型宴会的自助餐、冷餐会业务。公司的利润从少到多，现在一年就能达到上百万元。

张欢说："可能首先我们心中有理想，但是起初做的时候还是要更务实一些，把自己眼前、脚下、当下能做好的东西，从这些小事上，细微地去做好。"

曾经有个高校毕业生，还是获得MBA管理学位的人中骄子，从给上司开车门、拎皮箱的小事做起，最后一步步爬到公司副总裁的位置上。某地铁站招聘保安，十几个大学生欣然应聘，他们说："谁不想出头？但在这之前要在低处学东西。"

但在现实生活中，不乏这样心浮气躁、难以务实的领导者："鹅卵石"式领导者——胸无大志，随波逐流，无主见；"泥鳅式"领导者——遇到困难绕道走，碰到麻烦溜之大吉；"撞钟"式领导者——当一天和尚撞一天钟，不求创新，但求无事，得过且过；"数字"式领导者——弄虚作假，瞒上欺下，坐而论道，华而不实……凡此种种，不一而足，能当个好的领导者，能干成大事，简直是天方夜谭。

亚里士多德说："高标准的目标和低姿态的言行的和谐统一，是造就厚重而辉煌的人生的必备条件。"对于一些想成就大事的领导者来说，最主要的是求生存，而后才能谋发展。总而言之，少一点浮躁，多一点务实，才能让我们认清现状，从而在事业上更上一层楼。

5．有想法，更要有行动

> 凡事都要脚踏实地去做，不驰于空想，不骛于虚声，而唯以求真的态度做踏实的工夫。以此态度求学，则真理可明，以此态度做事，则功业可就。
> ——李大钊

李大钊，中国共产党的主要创始人之一，1917年11月受聘于北大。

联想集团有这样一句广为流行的广告词——"梦想，是用来实现的！"希望的力量足以令希望者斗志昂扬，旗鼓雷动，跃跃欲试。但事实却是，任何一个人的成功之路，都不会是笔直的。有许多人或许本身有着非常好的想法，比如对明天的期许，从事着什么样的职业，处在什么样的位置，等等。但如果不付诸行动，一切都是零。

布兰妮从念大学的时候起，就立下了一个远大的理想——要做一名电视节目主持人。她觉得自己在这方面有着与生俱来的天赋。比如,她有着非凡的亲和力,即便是陌生人也都愿意亲近她并和她长谈,而她也知道怎样从人家嘴里"掏出心里话"。她的朋友们称她是他们的"亲密的随身精神医生"。她自己常说:"只要有人愿意给我一次上电视的机会,我相信自己一定能成功。"

由于家庭条件相当优越,父母给了她很大的帮助和支持,她完全有机会实现自己的理想。但是,她为达到这个理想而做了些什么呢?其实她什么也没做!她在等待奇迹出现,希望一下子就当上电视节目的主持人。这种奇迹当然永远也不会到来。因为在她等待奇迹到来的时候,奇迹正与她擦肩而过。

布兰妮的悲剧正是由于她自己疏于行动,与她的命运类似的例子不在少数,主要原因就在于他们有一种惰性——一种只有想法而无实际行动的惰性,只能让最初所有的愿望化成镜花水月。

有个人天天去教堂祈祷,而祷告词千篇一律:"上帝啊,请念在我多年来敬畏您的份上,让我中一次彩票吧!"如此日复一日、周而复始,他的祈求风雨无阻从未间断过。后来有一天,当他再次虔诚地祷告完后,上帝终于忍无可忍地对他说:"我一直垂听你的祷告。可是,我求求你能不能先去买张彩票!"

这个小故事让很多人忍俊不禁,却在笑过之后仍然我行我素,意识不到行动的重要性。世上最大的距离,不是天与地的距离,而是人的想与做的距离。每个人都有许多想法,想,是一个人的智慧种子,做,才是果实。世上有播种想法的人不少,用行动去收获果实的人不多。

无论一个人今天已经是一个领导者,还是在成为领导者的路上努力迈进,都一定要记住:一百次心动不如一次行动。

在路德维希·蒙德念书时,曾在海德堡大学同著名的化学家布恩森一起工作，发现了一种从废碱中提炼硫磺的方法。后来他去了英国，将这个方法也带到了那里。经过一番努力，蒙德找到一家愿意同他合作开发的公司，蒙德由此萌发了自己开办化工企业的念头。

他买下了一种利用氨水的作用使盐转化为碳酸氢钠的方法，接着他又在柴郡的温宁顿买下一块地，准备在那建造厂房。同时，为了完善这种方法，他继续待在实验室里做实验。实验失败之后，蒙德干脆住进了实验室，日夜不停地工作。

1874年厂房建成，最初经营状况很不理想，成本一直都很高；同时，当地居民由于担心大型化工企业会破坏生态平衡，都不愿意同他合作。由此，连续几年企业一直处于亏损的状态。

蒙德并不灰心，终于在建厂6年后的1880年取得了重大突破，产量增加了3倍，成本也降了下来，产品由原先每吨亏损5英镑，变为每吨获利1英镑。为了提高工人的工作积极性，他还打破当时英国工厂12小时的工作制，改为8小时。事实证明，他的决定是正确的。

后来，蒙德建立的这家企业成了全世界最大的生产碱的化工企业。

凡事预则立，不预则废。所谓的预就是思想、想法，是做的前提条件。所以说，想是至关重要的，但最关键的还是行动。说空话只能导致一个人一事无成，只有养成行动大于言论的习惯，那么即使是很艰难、很巨大的目标也能够实现。

失败者谈起别人获得的成功时总会愤愤不平地说："人家有好的运气。"他们不采取行动，总是等待着有一天他们会走运。他们把成功看作降临在"幸运儿"头上的偶然事情。而成功者都是忙于勤奋的人，他们从来都不靠运气的降临，只是忙于解决问题，忙于把事情做好。

动画片《西游记》中，唐玄奘带领三个徒儿一路披荆斩棘、风雨兼程，历时13个春秋，双脚踏过大大小小30多个国家的土地，终于如愿"到达西天，取得真经"。这才是一个合格的领导者应该带领团队做的。

想法重要，行动更重要，尤其是对一个企业领导者来说，你的想法固然令他人看到希望，但要持续这种激情，并最终实现理想，还需要在行动上下功夫。要知道，100次心动永远比不上一次行动带来的价值。

6. 切莫急功近利，一步一步向目标靠近

> 创业这件事情，如果你是急功近利的心态，每天24小时拼命地干，把自己干没了，也不一定管用。
> ——俞敏洪

俞敏洪，毕业于北大，新东方集团创始人。

古往今来，凡是有人的地方，就一定会有"急功近利"的现象出现。说到底，谁都需要成功的机会，但不是每个人都能做到姿态优雅。将心比心，每个人都希望自己被当作荣辱与共的合作者，而非"通向成功的垫脚石"；谁也不愿意和时时思考着急功近利、处处合计着犯权侵位之人共事。

我们要明白，成就一番事业并不容易，所谓心急吃不了热豆腐。就如拜师学艺一样，只有潜心修炼并终有所成，才能有出山的资本。若是一开始就盯着成功不放，做起事来急于求成，就会像饥饿的人一看到食物，狼吞虎咽地吞食，反而会引起消化不良。

陈天桥在19岁那年，提前从复旦大学经济系毕业，进入了上海陆家嘴集团，获得了人生中的第一份工作——每天在一个小房间里放映有关集团情况介绍的录像片。这一放，就是10个月。这10个月里，陈

天桥根本无法在简单的放映工作中施展他的才智和抱负，他第一次体验到了人生巨大的落差。

但是陈天桥明白，自己一无所有，要闯出一番属于自己的天地，还需一步步来，急不得。正是在这段枯燥漫长的磨合期，他努力沉下心来大量阅读管理书籍，为其日后独特的管理风格奠定了基础。

之后，勤勉的陈天桥得到了集团下属一家企业干部挂职锻炼的工作机会。在挂职锻炼期间，陈天桥运用之前的积累，陆续推行了一系列卓有成效的改革措施，并逐渐形成了自己独特的战术和管理风格。

后来他去了一家证券公司，担任总裁办公室主任。这时，中国互联网热潮梦一般地到来了，小有成就的陈天桥勇敢地做出他的新选择：自己创业。于是他果断辞职，一心一意地搞".com"，才有了今天的盛大集团。

对于"一万年太久，只争朝夕"的人来说，最容易出现的问题就是"欲速则不达"。奇虎360董事长周鸿祎在中国互联网大会主题发言中表示："创业者不要急于求成，不要期望快，要有耐心。奇虎360、百度做到今天是10年以上，我们很多创业者要给自己设定5~8年的时间，要有耐心。创业就像酿酒一样，是需要花时间的。"

很多人都觉得要想在工作中有一番成就会很难，因为在成功的过程中，等待机会无疑是一个巨大的考验，既怕良机错失，又担心走错了路线，左等右等耗费的成本也是无法估计甚至难以弥补的，比如时间、青春、另一个机会等。

但是，只要我们注意观察，就会吃惊地发现，往往在工作中获得成功的人都有着极为坚定的耐力，他们都具备吃苦耐劳的品质，他们几乎没有急功近利的心思，有的只是貌似安于现状的勤勤恳恳，并在其间向着心中的目标步步靠近。

拿破仑胸怀雄才大略，无时无刻都在想着如何将整个欧洲彻底征服。于是，1812年5月，在没有事先考虑周全的情况下，拿破仑就率领了57万大军跋山涉水远征俄罗斯。虽然一路得胜，但由于俄国人民的坚决抵抗，法军伤亡惨重。同年9月7日，法军历经博罗迪诺战役，在共有7万人阵亡和重伤后才进入莫斯科。9月16日，拿破仑骑着高头大马进入莫斯科。本以为亚历山大一世会被他的威势所震慑而妥协，未料到迎接他的却是莫斯科全城的大火，使得拿破仑不得不撤退。

更为不幸的是，俄罗斯的寒冬和俄国的穷追不舍，使法国一些士兵不是战死就是冻死，最后回到法国的只有不到3万人。

从此，法兰西帝国元气大伤，日益衰落的法国面对的敌人将是曾经被迫臣服的整个欧洲。

有个血气方刚的少年，一心想早日成名，于是拜一位剑术高人为师。师父认真地传授给他剑术，他却迫不及待地问师父："这样下来，需要用多久才能学成？"师父不动声色地答曰："10年。"少年又问："如果我全力以赴，夜以继日地练呢？"师父回答："那就要30年。"少年还不死心，问："如果我是拼死修炼呢？应该不会太长了吧？"师父淡淡开口："70年。"

"宝剑锋从磨砺出，梅花香自苦寒来。"任何一种成就的获得都要经由艰苦的磨炼。拿破仑征服整个欧洲的野心，只能在急于求成中被扼杀；少年的心完全被渴望成名成功的思想所占领，没有平和的心态，这样势必不会成功。

任何急功近利的做法都是愚蠢的，急于求成的结果，只能适得其反，结果往往功亏一篑，成为别人的笑柄或是用以教育他人的反面教材。饭要一口一口吃，路要一步一步走。没有人一口就能吃出来个胖子，也更不会有人能够一步登天达成一览众山小的夙愿。

许多事业都必须有一个痛苦挣扎、不懈奋斗的过程，正是这个过程才能将人锻炼得无比强大并成熟起来。骐骥千里，非一日之功；冰冻三尺，非一日之寒。一位智者也说过：慢些，我们就会更快。可见，人的眼光要放长远，不仅要看到近期的得失，还要看到长远的影响。急于求成，永远都是要命的缺点。

7. 基础非小事，夯实要用心

> 要怎么收获，先那么栽。　　　　　　　　　　——胡适

胡适，历任北大教授、北大文学院院长、北大校长。现代学者，史学家，文学家，思想家。

如果将一个团队比作一座高塔，领导者无疑是那个站在塔顶接受他人瞩目的人。不可否认，谁都想坐上那个最高的位置风光一把，但是这其间的历程却并不是那么好走。

许多年轻人都有"一举成名天下知"的梦想，这本身是个令人赞许的远大志向。但是，正如大厦是由一砖一瓦砌成的一样，进步是一点一滴积累起来的，如果从一开始就没有打牢基础，那么很可能会功亏一篑。

古代有个叫养由基的人，精于射箭，且有百步穿杨的本领。

有一个人很仰慕养由基的射术，经过几次三番表露诚意，终于成功拜了养由基为师。养由基交给他一根很细的针，要他放在离眼睛几尺远的地方，整天盯着看针眼。看了两三天，这个学生有点疑惑，问养由基："我是来学射箭的，老师为什么要我干这莫名其妙的事？什

么时候教我学射术呀？"

养由基说："这就是在学射术，你继续看吧。"这个学生开始还好，可过了几天，他便有些烦了。他心想，我是来学射术的，看针眼能看出什么来呢？这个老师不会是敷衍我吧？

后来，养由基教他练臂力的办法，让他一天到晚在掌上平端一块石头，伸直手臂。这样做很苦，那个徒弟又想不通了："我只学他的射术，他让我端这石头做什么？"于是他很不服气，不愿再练。

养由基看他不行，就由他去了。后来这个人又跟别的老师学艺，最终没有学到射术，空走了很多地方。

"宝剑锋从磨砺出，梅花香自苦寒来。"世上任何事情都不可能一蹴而就，无论做什么事，都不可能立竿见影，只有夯实了基础，一步一个脚印，脚踏实地地做事，才能汇聚成最后的成功。

所有一举成名的成功背后，都离不开一个坚实牢固的基础。一些总是做不出什么大事业的人常常叹息"我运气不好"，那是因为他们从一开始就心浮气躁，不能静下心来认真从最基本的小事做起。根基未稳，如何能成就大事？又如何能坐上领导者这把交椅？

人人都想干大事，殊不知，基础才是最大的事。那些站在成功顶端的人，无一不是从底层一步步做起，积累众多能量，最终由量变到质变，实现质的飞跃。

汤姆·布兰德20岁时，进入美国福特汽车公司当了最基层的杂工。杂工没有固定的工作场所，哪里有零活就到哪里去。当了一年半杂工之后，汤姆申请调到汽车椅垫部。后来，他又申请调到点焊部、车身部、喷漆部、车床部等部门。5年时间里，他几乎在各个部门都做过。最后，他申请到装配线上工作。

第一章 脚踏实地，撸起袖子带头干

汤姆的父亲很担心："你总是做一些焊接、刷漆、制造零件的小事，怕会耽误前途吧？"汤姆笑着安慰父亲说："不着急。我以胜任领导整个工厂为工作目标，我必须花时间熟悉整个流程，不仅要知道汽车椅垫如何做，还要懂得整辆汽车是如何制造的。而这些，都要从最基础的做起。"

果然，在装配线上，汤姆因为懂得各种零件的制造工艺，也能分辨优劣，没有多久，他便晋升为领班。后来他成为15位领班的总领班——也是福特公司最年轻的总领班。

海尔总裁张瑞敏曾说："把每一件简单的事情做好，就是不简单；把每一件平凡的事情做好，就是不平凡。"或许这些简单的小事情很不起眼，也不能入你的眼，但它却是你日后成就一番大事业的"最关键部位的零件"。所以，无论是简单事、平凡事，只有做好，一直做下去，才会成就出"大业"来。

所罗门国王曾经说过："万事皆因小事而起，你轻视它，它一定会让你吃大亏的。"凡在小事上持轻率态度的人，在大事上也是不可信任的。正如斯坦尼斯拉夫斯基所说的："没有顽强、细心的劳动，即使是有才华的人也会变成绣花枕头似的无用玩物。"

正如有着中国台湾地区"经营之神"之称的王永庆所说："（成功）其实就像盖房子一样，一步一步地打好基础，那么一层一层才稳定。"因此，不管现在的你是立志要做领导者，还是已经以一个领导者的身份带领下属行走在发展之路上，都需谨记，大成功无一不是从小成功中积累衍生而来的，只有最开始将基础夯实了，才不怕以后所要面临的危机和灾难。

每个企业的成功不是神话，而是用踏实苦干换来的。好比建房子一定要打好地基一样，做企业也要从基础建设开始做起。地基打得牢，房子就坚固稳定；基础建设进行得好，企业就会平稳发展，越做越好。

第二章

喊破嗓子，不如给下属做出样子

1. 正其身，不令而行

老教师们不追求名利，潜心做学问，尊重别人，这种风气形成了传统，一直保持到现在。这是最重要的学术环境。 ——张恭庆

张恭庆，曾任北大数学研究所所长。

《论语》有云："其身正，不令而行，其身不正，虽令不从。"意思是说，领导者如果想让别人做什么、怎么做，自己就应该带头做到；如果连自己都做不到，那么任凭他喊破嗓子来指使别人也无济于事。放在今天，用一句通俗的话来说就是——说一千，道一万，不如领导带头干。

著名领导力训练专家谭小芳说："领导干部进行领导，一个是靠话语，另一个是靠行为，即言传与身教。话语很重要，只有通过它才能进行思想引领。但作为企业领导，光有话语是不够的，还要靠行为。"

1946年，正是日本战败后处于最混乱艰苦的时期，国内各大企业

第二章 喊破嗓子，不如给下属做出样子

面临的挑战与危机相当严峻，松下公司一把手松下幸之助郑重向员工们宣布："在这么困苦的时期，我必须站在前面好好奋斗，即便是上班迟到这样的小事情也不允许发生。"

一天早上，松下像往常一样在梅田车站等公司的汽车。可是等了好长时间仍未见到汽车的影子。眼看上班的时间即将到了，没办法，他只好搭上市内电车，到达公司的时候已经迟到了10分钟。

松下十分生气，决定将与此事有关的8名人员给予减薪处分，并在当天上午将此决定向公司员工宣布，而松下本人，他把自己当月的薪水全部奉还给公司。

他说："企业团体内部的规章纪律要公平严格地维护。人事管理章程和作业守则等规定，不只是新进的小员工，连公司的社长、会长也要严格遵守，公司的秩序才能走上轨道，员工的士气也才能提高。领导者要依照事实得失，公平而严格地施予适当奖惩，才能使整个公司建立起良好的制度，使公司的经营顺利开展。"

对于企业来说，老板是一个特殊人物——他不仅是领导者，更是劳动者；不仅是指挥员，也是战斗员。领导者要求别人做的事情，自己首先要带头做，并且要做好，这样才有影响力和号召力。联想前总裁柳传志一直把写有"其身正，不令而行"的字幅放在办公桌上，勉励自己。联想公司在他的带领下，由20万元起家，发展成为今天有上百亿资产的大型集团公司，成为中国电子工业的龙头企业。这和他处处以身作则有着必然的联系。

我国古语里有"上行下效""上梁不正下梁歪"等说法，都是说只要上面做得正、行得正，下面的政治风气、社会风气就自然良好。举个典型的古代例子：东汉光武帝时，阴皇后"在位恭俭，少嗜玩"，影响到下一朝，她的儿媳马皇后也常在宫中穿粗布袍服，不加花边，不讲排场。她们认为，作为一国之

后，就应"以身率下"。结果东汉初年整个宫廷生活简朴，没有出现腐败奢侈现象；唐太宗在位时，也有"若安百姓，必须先正其身"的思想，所以上下一心，出现了"贞观之治"的太平景象。

成年人的潜意识中仍旧保留着几分小孩子的天性，即跟风或模仿。例如，我们在日常生活中经常会有这种举动：如果今天我们看见有人穿的一件新衣服非常大方得体，价格也合适，十有八九也会想去买一件。将这条规律放到领导者身上会更明显，他们的行为作风对下属的影响是潜移默化的。

现实生活中，很多管理者总是高高在上的模样，自己给自己赋予一些"特权"，比如习惯性迟到、经常办公室找不到人、无视纪律并且在违反纪律后毫无惩罚等。久而久之，就会失去威信与号召力，企业管理的执行力也会迅速下降，员工对公司的前途失去信心，要么磨洋工敷衍了事，要么跳槽而去。俗话说："有带头冲的官，就有不怕死的兵。"所以，下属工作表现不积极，作为领导者不能一味地责罚，也应反思。

佛山一家电子制造商收购了东莞一家同类型小工厂。管理团队前去接管的时候发现了这样一幕令人震惊的场面：工厂中随处都是垃圾，车间中堆满了废弃的机器和工具，足足容得下几百人的宿舍，却被不过百人占满了。员工早上7点上班，8点还有人在吃早餐。更滑稽的是，工厂的老总不仅不为工厂发展谋出路，而且天天睡到九点钟！

老总律己不严，自然无法表率。且心性懦弱，优柔寡断，处事时没有原则，也不去督导下属按照制度流程做事，甚至在10多万元的叉车因少个电瓶而被废弃的情况下不闻不问，直接导致员工的责任心缺乏和制度流程的失效。

相比之下，佛山的这家民营企业虽然起步较低，但近年来一直在迅速扩张，其良好的发展前景完全来自老板雷厉风行的领导风格和魄力。所以，企业的发展相当快速。

在海尔的企业文化中有这样一条规定："下属素质低不是你的责任，但是不能提高下属的素质是你的责任。"领导本身就是一场博弈。领导者越强，公司在管理上出现的漏洞就会相对比较少，反之亦然。那些优秀的领导者，古有孙武、曹操，现有马云、张朝阳等，无一不是以铁一般的纪律带领团队著称，无一不使下属为其强大的领导魅力与魄力所征服。

孔子说："为政以德，譬如北辰，居其所而众星共之。"把孔子的这种思想用在企业里，就是以北极星形象地来比喻领导者，企业员工像众星似的有规则地工作运转，领导者起着表率的作用，以身作则。不管是任何时候，只有领导者一马当先做出榜样，企业才能高效而准确地运转，规章与制度才能不折不扣地执行。

2.想有位先有为，成绩就是说服力

> 这个社会越来越公平，付出就会有回报。你如果踏踏实实把自己擅长的事情做好了，名誉、财富都会随着你对这个社会的贡献而到来。
> ——李彦宏

李彦宏，知名北大学子，百度公司创始人、董事长兼首席执行官。

有句话说"要想人前显贵，必先人后受罪"。每个人风光的外表背后，都经历了鲜为人知的诸多艰辛，正是这些看得见的成绩，才成就了如今的不俗地位。

谈及自己的发家史，韦文军毫不避讳地说："其实我是刷马桶出身的。"
韦文军大学毕业后来到深圳一家小有名气的装饰公司面试，老板一听他是应届生,头都没抬,直接"请"人。韦文军早听说在深圳自尊心是最不值钱的,当时真的领教了。

韦文军软磨硬泡,老板无奈,最终答应让他在这儿试用几天。可几天过后,老板以"不适合公司快节奏运转"为由,再次赶他走人。但为了"赖"在这个不错的公司,他接受了老板开出的一个苛刻条件:留下可以,但每天必须负责打扫公司的卫生,包括刷马桶。没想到,韦文军爽快地答应下来。

此后,这里多了一个"扫厕所的"忙碌身影。同事们对这个"扫厕所的"没什么好感,甚至有次一个女同事当众奚落他说:"请你以后不要坐在我身边,你身上一股子垃圾的馊味搞得我想吐,难道你自己闻不到吗?"

这话深深刺痛了韦文军,他跑到公司的防火楼道,背着人大哭了一场。擦干眼泪后,他干活却更加卖力了。他常常边干活边到总工那里去"偷艺",夜深人静还要看书,偷着上电脑练习。几个月后,他被调到设计室工作;不久,因业绩突出,他又被提升为艺术总监;两年之后,韦文军带着积攒的50万元开了一家属于自己的公司。这就是在短短几年内迅速崛起,年创利逾百万元的深圳著名装饰公司——"家天下"。

重提过去那段往事,韦文军总是一笑了之,称刷马桶的经历实属上帝"负面的恩典",非常难得,他会抱着感恩的心回头看待这段故事。他告诉我们一个成功的"秘密"——所谓能耐,就是能够忍耐!

要想有位,必先有为,这话一点儿不假。不要老是抱怨没有机会,不要老是抱怨没有伯乐,只有通过学习,通过执着的努力,才能提高自己的工作能力,成为企业的栋梁之才。从而实现自己的人生价值,最终实现自己"飞上枝

第二章 喊破嗓子，不如给下属做出样子

头变凤凰"的伟大理想。

每个领导者都是从被领导者走过来的，在企业里，无论你从事的是何种岗位，但只要有"带兵"的远大抱负，就一定能做点成绩出来——当你将真真切切的功劳与成绩摆在大家面前时，大家自然不会对你的高升有任何异议，反而会心悦诚服地接受；但如果你实际上没什么本事，却靠着不光明的手段，如走后门等，即便是爬到了领导者位置，那也是不能服众的。

林宇在目前的单位待了三年，一直没有得到升迁，这让林宇觉得很郁闷，认为自己的努力都白费了。后来老板跟他谈心，说："努力工作是每个员工应尽的本分。你在努力工作时，别人也在努力。但是，像你这样的员工，公司里有许多，就算我提拔你，别人未必会服气。"

林宇终于明白了：自己的位置随时可以被人替代，要想在公司出头，就必须有所作为。之后，林宇把"追求事业，有所作为"视为自己努力的方向。他不再仅仅是努力做好本职工作，还主动寻找机会做好本职外的工作。

不久，他就发现公司有一件事一直得不到解决：老板想建立一个网站拓展业务，而建立网站需要克服大量技术上的困难，同时网站的栏目和内容设置又牵涉到大量的商业问题，所以没有人愿意接手。

由于林宇是贸易专业毕业，平时接触网络比较多，便自告奋勇接下了这个"烂摊子"，一边向专业人员请教，着手解决技术问题，一边整理商业销售资料。

项目推进得虽然不快，但是却在稳步地前进。老板对林宇的信任也在增加，不断地放手给他更大的权力。经过一个多月的日夜奋战，网站终于建起来了，公司形象和产品的销售业绩在业内很快得到了提升。老板对林宇大加赞赏，并提升他做了公司的副总经理。

在当今的企业和组织里，要想脱颖而出、身居高位，必须靠拿得出、看得见的业绩。有什么样的作为，就有什么样的职位；没有作为，就很难"有位"。有作为，就有施展才干的一席之地；有大的作为，才会有广阔的发展前景。

那么如何才能做出成绩，并因此获取自己的"位"呢？很简单，通过不断的学习。

如今人与人的竞争就是学习能力的竞争，不管是企业还是个人，要想在竞争激烈的知识经济时代生存与发展，就必须不断地学习，以顺应形势变化。1983年，壳牌石油公司的一项调查表明：1970年名列《财富》杂志"世界500强"的公司，有1/3已经销声匿迹。在这一嬗变中，大部分公司失败的原因，就在于组织的滞胀妨碍了组织的学习及成长，使组织被一种看不见的巨大力量侵蚀，甚至吞没了。

学习能力是一个人乃至一家企业的竞争力之源。壳牌石油公司的企划主任德格说，唯一持久的竞争优势，就是比你的竞争对手更快地掌握新知识的学习能力。

集琦生化公司总经理郭正在致全体员工的一封信中着重提到了"把握规律，学以致用"。他说："在这个竞争激烈的社会里，一个人是否有竞争力，是以他的工作能力为衡量标准的，并不是以学历、文凭或职称为衡量标准。人才竞争最终体现为工作能力的竞争。有能力的员工才会被提拔，被提升。世界万物中都存在着自然规律，会学习的人、有学习意识的人懂得举一反三，学以致用，快速提高工作技能和水平，并且能为企业做出更大的贡献。企业永远为那些会学习、懂利用、为企业创造利润和价值的员工提供晋升空间。"

一个安于现状、不思进取的领导者绝对不是一个合格的领导者，唯有不断地学习，为自己、为企业不断地灌输新鲜血液，才能保持着竞争的活力，才能做出更显著的成绩来，借以提高自己连同企业的"位"。

第二章 喊破嗓子，不如给下属做出样子

3. 领导力源于以身作则

> 故必有卓绝之士，以身作则，力矫颓俗。　　——蔡元培

蔡元培，革命家、教育家、政治家，1916—1927年任北大校长。他革新北大，开"学术"与"自由"之风。

宋朝文人周敦颐名篇《拙赋》中说："上安下顺，弊绝风清。"意思是，上级宁静安分，下级顺遂上级，社会弊端就会绝迹，风气就会清明。由此可见，上级的带头作用是很重要的，许多风气都是由于上行下效形成的。

俗话说："兵熊熊一个，将熊熊一窝。"领导者的一举一动都牵动着员工的心，想要带动整个团队，就得让自己有足够的感召力，这一点建立在自身形象上，而不是嘴上。

英特尔公司从创立之初就非常强调纪律，其中最重要的一条就是，员工必须在8点整开始上班——这在当时的硅谷是十分罕见的。因为，硅谷的IT公司上下班时间几乎可以说是自由的，工作干完就行，根本没有管理者去理会。但是，在英特尔公司，凡是8点10分以后才来报到的同事，就要在"英雄榜"上签名，记录下迟到的情况。哪怕你前一天晚上加班到半夜，隔天上班时间仍是8点。

有一次，总裁葛洛夫也迟到了，他毫不犹豫地在迟到记录表上签了自己的名字，还在上头加注："没有人是十全十美的。"从此，对于这项相当严厉的规定，英特尔上下身体力行，没有一个人有怨言。

通常来讲，领导者在组织中的地位和作用，无形中决定了他们在员工中的

榜样形象。一旦领导者的行为被"注意"后,下属一般就会重复所观察到的行为,那时,就会产生"蝴蝶效应",领导者行为中的点滴也会被下属放大到整个组织。

韩国大宇集团总裁金宇中经常对下属说:"为了明天的繁荣,我们必须牺牲今天的享乐,因为我们还是发展中国家。"为了使员工能够严格要求自己,他身体力行作表率,每天半夜12点睡觉,次日凌晨5点起床,工作十几个小时,坚持了20多年。他的行动感化了整个大宇集团,每位员工都会自觉地为了集体利益而努力工作。

作为企业的领导者,不能只满足于分派任务,一定要身体力行,严于自律,才能带领企业走出"围城",实现企业的目标。正所谓"上清而无欲,则下正而民朴",要求别人做到的,领导者自己首先要做到;禁止别人做的,自己坚决不做。唯有如此,才能真正地发挥出自身的影响力,带动下属落实好各项工作。

不难想象,骄横的领导者会让员工心生不满;懦弱的领导者会让员工没有畏惧感,工作不认真;无能的领导者,手下更是强不到哪里去,公司迟早会成为一盘散沙……一名领导者失去员工的信任,将会是一件非常可怕的事。

一名优秀的、受员工爱戴的企业领导者,必须自觉加强自身修养,处处以身作则,去影响员工,带动员工,这也是领导的必修课程。

联想有一条规则,开20人以上的会迟到要罚站一分钟。这是一项很严肃的规定,任何人必须执行。

事情很巧,第一个被罚的人正是柳传志原来的老领导。柳传志和他都感到很尴尬,罚站的时候他紧张得不得了,一身是汗,柳传志坐着也一身是汗。柳传志悄声跟老领导说："您先在这儿站一分钟，今天晚上我到您家里给您站一分钟。"

而柳传志本人也被罚过三次，其中有一次是他被困在电梯里，咚咚地敲门希望有个人听到帮他请个假，敲了半天也找不到人，后来出来了没作任何解释还是自觉地罚了站。

要求别人做的，首先自己做到；禁止别人做的，自己坚决不做——这才是一个合格的领导者该做的。

我们绝大多数的企业领导者，都非常希望有一支高素质的员工队伍；但反过来，员工更希望自己的老板是个事业上处处以身作则，靠得住、信得过的带头人。只有这样，员工才会感到有奔头，尽心尽力地工作。正如著名管理学家帕瑞克所说的，"除非你能管理'自我'，否则你不能管理任何人或任何东西"。

制度一旦制定，那么它的执行贯彻度才是最重要的。《三国演义》诸葛亮之所以挥泪斩马谡之后还要自降三级，就是因为考虑到倘若领导者不以身作则，那便是对制度的最大践踏和毁灭，是给下属们日后的逾矩留下口实。

总而言之，领导工作，如果无法取得他人的信赖和认可，将必输无疑。因此，作为一名企业领导者一定要以身作则，用自己的行动为他人做出榜样。

4. 说到做到，就是一种影响力

朋友之间应该恪守诺言，讲究信用。儒家思想——仁义礼智信，"信"是三纲五常之一，大而言之，整个社会都要诚信；小而言之，《论语》中，子曰："与朋友交，言而有信。"所以讲求信用是非常重要的。

——程郁缀

程郁缀，曾任北大中文系教授。

"君子一言，驷马难追"这句话被我们常挂在嘴边，谁都知道说话算话是一个人最起码的品行，身为企业领导者，更要明白其中的重要性。因为，在市场竞争中，谁能够坚守到最后，谁就是胜利者。

有句话说，对人以诚信，人不欺我；对事以诚信，事无不成。承诺是最容易让人与人之间产生信任的东西，是维护买卖双方经济利益的基本保证。作为一个企业的领导者就应该说到做到，这样才能维护自己的威严，他所带领的企业也会取得好的成绩。

爱尔兰有家著名的大规模威士忌生产公司，年销往世界的威士忌达千万瓶。公司的总经理莱昂德罗先生在2009年年初时和公司领导层预计在该年度，公司的盈利将会达到一个新的高度。为此，莱昂德罗宣布，在年末圣诞节时，会给每位员工发一个大大的红包。

然而，令莱昂德罗没有想到的是，由于在制作环节上的失误，一批销往挪威的威士忌被检验出苯含量超标，不但价值千万美元的货物被挪威海关收缴销毁，而且公司还必须缴纳挪威食品安全部门开出的巨额罚单。公司2009年收入创新高的愿望是泡汤了。

面对如此窘境，公司有人向莱昂德罗进言，是不是将给员工的圣诞节奖金扣下不发，或者发也不要发那么多。但莱昂德罗不答应，他认为，公司出现失误并不是员工的错，不能因为这个就向员工失言，而且员工对于圣诞节奖金已经期待很久，如果公司不能兑现承诺，那么领导层一定会在员工中间丧失威信，这与公司资金损失比起来，要严重得多。

于是，当年的圣诞节奖金按原计划发出。虽然这一大笔费用让公司2009年的亏损状况雪上加霜,但却换来了企业的凝聚力和向心力。2010年,在莱昂德罗的带领下,公司上下努力工作,最终大打了一个翻身仗。

在下属心中,领导者代表了一种权威,如果领导者无法兑现自己的承诺,那就会让这种权威大打折扣。因此,领导者要说到做到,不仅奖赏要做到,就连惩罚也要执行。员工是推动企业进步的力量,如果员工对领导者失去了信任与好感,那么可想而知,这个企业的寿命也就不会长久。

曾有人问史玉柱,现在的领导者素质中,哪一样至关重要?史玉柱说:"是'说到做到'。你只要承诺了几月几日几点钟做完,你一定要做完。完不成,不管什么理由,一定会遭到处罚。往往越没本事的人,找理由的本事就越高。我们干脆不问什么原因了,你部门的事你就得承担责任,不用解释。所以现在大家都说实话,不搞浮夸了。"史玉柱是个典型且极端的实用主义领导者。

> 深圳长炼总厂和深长石油公司都是国有企业,由于它们长期坚守"重承诺,讲信用"的道德准则,连年被评为"最佳外地在深圳企业"。
>
> 有一次,深长石油公司向长炼总厂告急:各加油站汽油储蓄量已近尾声,请按合同准时运送汽油到深圳。长炼总厂接到告急电报后,计算了一下运油时间,发现已不能准时运到深圳。但为了维护合同,长炼总厂经过研究决定,电报通知深长石油公司,就地用高价购买外商汽油,以满足顾客的需求,高出的价格,由长炼总厂承担。
>
> 这一举动获取了大家的信任与好感,从此长炼总厂一年四季顾客盈门,经济效益直线上升,外商石油企业也望尘莫及。

重承诺、守信用，是企业经营活动道德的基本要求，也是企业信誉的基础。优秀的企业家在利益与信誉发生矛盾时，甚至可以为了维护信誉而放弃利益。因为言而无信不仅会给客户造成损失，甚至也会对社会造成损失，而最后败坏的是企业自身的声誉。

成功的领导者常常遵循这样的原则：要么轻易不与下属相约，要么就要信守诺言，竭尽全力去办。尤其是对于一些关系着下属的前途与未来的事情，千万不可随意许诺，若有许诺，就应尽力兑现。这才是领导之道。

当然，企业管理中也不乏这样的领导者：他们爱许诺，可又偏偏不珍惜一诺千金的价值，往往无法兑现。结果时间久了，威信会一落千丈，领导地位也会失去基础。

总之，承诺这个词可不是随便就可以拿来说说的，因为失信一次就意味着失去下属对你的一份信任。所以，作为一名企业的领导者，一定要认识到"一诺千金"的重要性。许诺就一定要遵守，哪怕最后会带来一些损失。否则，作为领导者失去的东西将会更多。

5. 责人之前勿忘先省己

> 工力此生多浪费，何曾一语创新声。　　　　　　——冯至

冯至，著名文学家、诗人、翻译家，曾任北大西语系主任。

不少人都有一个共性，即责人易，非己难。通常，我们往往只盯着他人的缺点，并对其念念不忘、耿耿于怀，甚至动用暴力手段予以打压、报复，却忽略了自身存在的不足或者错误。

第二章 喊破嗓子，不如给下属做出样子

在一个组织内，如何要求下属，又要求自己，是领导者所必须处理的一个重要问题。当组织内部出现了问题，一个成熟的领导者一般都会严格要求自己，主动承担责任；而一个不合格的领导者则总是盯着下属的问题不放，严于律人宽于待己，从而导致矛盾和问题越来越大，影响到整个组织的生存和发展。

战国时期，魏国国君梁惠王经常驱使本国的老百姓与邻国打仗。有一次，梁惠王与孟子谈论治国之道，发牢骚说："河内灾荒连年，我想尽各种办法解决老百姓的温饱问题。邻国当政者没有哪个像我这样替自己的百姓着想的，可是为什么邻国的百姓没有减少，而我的百姓也没有增多呢？"

孟子没有正面回答梁惠王的问题，而是给他打了个比方："战场上，两军对垒，一段激烈的厮杀后，胜方肯定会向前穷追猛杀，而败方就会丢兵弃甲。那些逃兵有的跑得快，有的跑得慢，跑了五十步的说跑了一百步的人是胆小鬼。但其实他们性质一样，逃兵而已。"

梁惠王恍然大悟："我只看到邻国国君不管灾荒年间老百姓的生活，却不知晓自己常调动百姓去打仗，致使民不聊生，同样是不爱百姓的国君，我又如何再希望自己的老百姓比邻国多呢？"

这是历史上著名的"以五十步者笑百步"论证，它告诉我们，在要求别人做某事时先要自我反省。

事实上，责己其实就是宽人。一个能够善于责己的人，为人处世谦逊低调，不居功自傲，不得意忘形，在任何情形下都能审视一下自己的行为，这样的人才能得到他人的尊敬。正如苏格拉底所说："我知道自己无知，这就是我比所有人都聪明的地方。"

无论是生活还是工作中,没有谁可以面面俱到、八面玲珑,出现问题在所难免。可是我们看到的却是踢来踢去的皮球,对失误退避三舍并且总是把矛头指向别人,仿佛只有找到别人的错误,自己才能免受其难。殊不知,这样的行为无论对于一个企业,还是一个团队来说,都是一损俱损、一荣俱荣的影响。

一个优秀的领导者遇到问题,首先要寻找自己的失误,从而勇于自责,并为自己的失误做出最大努力的弥补。2008年张朝阳在接受《北京青年周刊》采访时曾说:"就是因为超脱,才不感慨。其实不能老责备董事会,也得责备我自己,我自己确实也犯了很多错误。"回顾搜狐成立十来年的历程,张朝阳足够坦然面对自己,才是领导者应有的气度。

责人之前不忘省己,一个敢于承担责任的领导者不仅会得到上司的赏识,也会得到下属的拥戴。这样推功揽过、超然豁达、不计较个人名利的行为,将会给领导者带来更高的威信和感召力。

1979年伊朗伊斯兰革命爆发,革命暴徒攻占了当时驻伊朗的美国大使馆,其中52名大使馆工作人员被扣押。面对如此严峻的状况,时任美国总统的吉米·卡特立即组织对大使馆工作人员进行营救的"蓝光行动",意图秘密解救被困人员。但很不幸的是,在解救途中由于直升机出现故障,致使整个营救行动以失败而告终。

计划失败后,举国上下一片失望与愤慨。为稳固民心,卡特总统立刻在电视上发表声明,"一切责任在我"成了他一再强调的话。而事实上,直升机营救机会的失误并不归咎于卡特总统,但因为他极其诚恳的态度和肯于负责的行为,令他在美国人心目中的形象骤升,仅仅因为这一句话,卡特总统的支持率瞬间上升了十几个百分点。

一项重大机会的失败可能来自很多原因,但无论情况如何,作为一个组织核心人物的领导者，第一时间的做法都不应该是去寻找借口、推诿责任，而是将重大责任承担下来。因为，领导者勇于承担责任，不仅能使下属有安全感，而且更能得到下属的爱戴和信任，从而充分激发出下属的热情，心甘情愿地把工作做到最好。

古往今来，那些具有伟大人格感召力、取得令人瞩目成绩的成功人士无不严于律己：诸葛亮为蜀之相国，善无微而不赏，恶无纤而不贬，但刑政虽峻而无怨者，这就是因为他不仅用心平而劝诫明，而且严于律己；韩国金大中总统在金融危机到来的时候，首先做的是检讨自己行为的过失；丰田喜一郎在办工桌背后悬挂了一个自律的条幅，让秘书时刻监督他又犯了什么错误……要想成为一个成功的企业领导者，必须做到责人之前先省己。

6. 必须有人身先士卒

> 作为一个科学家，大敌当前，必须以科学挽救祖国，所以我选择了流体力学。
> ——周培源

周培源，曾任北大教授，1978年7月至1981年3月任北大校长。

融创中国董事长孙宏斌先生，有一次和一位重量级投行大佬吃饭时，大佬问他："带队伍最重要的是什么？"孙宏斌说："除了书上说的那些素质，还有两点更重要：一是碰到难事你一定要往一线冲，光躲在幕后指挥肯定不行，你要让所有人知道，碰到任何难事你都不会躲；二是要把成绩都归功于下属，把所有错误的责任都承担起来。不这样做，凭什么你是领导？"

人人都有趋利避害的心理，当遇到必须要有人甘愿牺牲或奉献才能解决问题的情况时，人们的第一反应就是——撤。如果你只是个无名小卒，趁人不注意就偷偷溜号了，或许制造不出多大的动静；但如果你是个领导者，这种行径将会给整个团队带来无法估量的损失。

对于一个人来说，有多大能力就坐多高位置，同时有多少困难，也要身先士卒、抢着承担，如此，才能配得起头上的"领导者"称号。

美国克莱斯勒汽车公司的前任经理亚科卡，在他着手接受克莱斯勒公司时，面临的是个相当严峻的事实：该公司正处于事业的衰退期，整个管理机构呈现一盘散沙状态，领导层人人自危，员工也过着朝不保夕的日子。

为了重振克莱斯勒公司，亚科卡开始了一系列大刀阔斧的改革。他认为，公司领导层人员的全部职责就是动员员工来振兴公司。因此，在如今公司最困难的日子里，管理者就首先要以身作则，切实担负起振兴公司的任务。对此，亚科卡除了每天加班加点的工作，还主动把自己的年薪由100万美元降到1000美元。这100万美元与1000美元的差距，顿时让亚科卡伟大的牺牲精神愈显闪亮。

榜样的力量是无穷的，亚科卡在员工中树立了非凡的影响力，在他的感召下，很多员工都不计报酬，团结一致，自觉为公司勤奋工作。果然，不到一年时间，克莱斯勒公司的经营状况就迅速得到了好转；三年后，公司就再次栖身到北美亿万资产俱乐部当中。亚科卡的身先士卒，不仅为克莱斯勒公司带来了重生，更为自己积累了辉煌的成功履历。

俗话说"兄弟同心，其利断金"。反观现实中的我们，无论是在任何一个企业或者机关内，只要全体成员能够上下同心、齐心协力，朝着既定的目标稳步向前，那就没有做不到的事情。这个前提，就是作为核心的领导者能够让下属,即使是在条件艰苦的情况下也心甘情愿地跟着自己,而这所有的一切就都要做领导的一马当先,为下属做出榜样才行。

美国著名将领巴顿将军曾说过这样一句话:"在战争中有这样一条真理:士兵什么也不是,将领却是一切。"事实上,每次当巴顿发号施令之际,他总会身先士卒。如此做法赢得全军上下的一致敬佩,由此也甘愿与他同仇敌忾、一往直前。

如今,许多企业领导者都已经认识到了这一点,他们把从前的"照我说的做"改为如今的"照我做的做",这样的言行很好地起到了教育和激励作用。

柳传志认为,当企业小的时候,或者刚开始做一件全新的事情的时候,领导者一定要身先士卒,最大限度地发挥带头作用。因为,在那个时候,领导是演员,要上蹿下跳自己去演。但是当公司上了一定规模以后,一定要退下来。

柳传志曾说,自己身上的奉献精神是能够成功的重要原因之一。20世纪90年代以前,在中国创业实际很难实现。而柳传志的奉献精神来自他对自己境况的清醒认识,他说:"像我们,如果完全没有计算所的背景,没有计算所赋予的各种营养,联想的发展会有很多困难……1988年,我们能到香港发展,金海王工程为什么去不了?就因为它是私营的,而我们有科学院出来说'这是我们的公司'。年轻同志不能忘了这个,心里要弄清楚,你做出的成绩主要部分应该归国家。心里想不透这一点,做着做着,就会出现问题。"

争取追随者以身作则、身先士卒一直是柳传志坚持的做领导的信条。"在公司里面,我对他们要求挺严格,大家还都信我。甚至离开公司的人,想自己发展的人,也不会出去说联想不好。这其中,我觉得有一点很重要,就是决不搞宗派,决不给自己谋私利。不仅是不谋私利，对人处事还要公正。今天我把A训了一通，明天当他发现，其他人犯了错误也一样挨训的时候，他就不会感到委屈。"

有着"总经理""总裁"等称呼的人是领导，但有着牺牲精神与奉献精神的"总经理""总裁"才可称得上是个好领导。如果作为上司违反规定，那么他向下属下达任务时，下属多是心不在焉；有的员工违反了公司的规章制度后，上司批评他时，他也不会心服。作为一个领导者，如果无法取得他人的信赖和认可及由衷的敬服，将必败无疑。

1995年，联想在深圳举办圣诞晚会。晚会上有个游戏节目——编队抢气球。广东惠州大亚湾园区建设负责人陈国栋带了几个人上去，抢得疯狂而热烈，致使自己差点掉进旁边的水池里。陈国栋的"生猛"让一旁"看热闹"的柳传志忍俊不禁。陈国栋吃苦在前、不计得失、身先士卒可谓难能可贵，这正符合了柳传志"作为领导身先士卒做事"的不二法则，他认为此人可堪任用。果不其然，陈国栋后来成为联想举足轻重的人物。

就如同古代疆场上打仗一样，两军对阵，士兵们只需站在后面，擂鼓助威、摇旗呐喊，而将领则要一马当先，率先出战。如今的企业管理，领导者的身先士卒是最能鼓舞部下士气的，特别是陷入困境时，唯有出色的统领立于头阵，才能影响全体成员的精神，打开通往成功的大门。

第三章

韬光养晦，领导者要不计一时得失

1. 放下身段好好做事

> 著名爱国艺术家常香玉说过一句话"戏比天大"，说得非常好。对我们教师来讲，就是"上课比天大，科研比天大"。这是一种基本的敬业精神。
>
> ——徐光宪

徐光宪，当代著名化学家，中科院院士，曾任北大化学系教授、博士生导师。

现实生活中，总是有那么一些人，眼光太高，不屑于干微不足道的小事，觉得丢面子，有失身份。比如，博士不愿意当基层业务员；高级主管不愿意主动找下级职员；知识分子不愿意去做体力工作……他们认为，降低自己身段是件很丢脸的事情。

但在许多成功人士的为人处世哲学中，正是由于他们放下了许多该放下的东西，轻装上阵，朝着一个既定的目标奋勇攀登，才有了今天的成果或是日后的辉煌。

他初中毕业后只身从农村来到城市，找了一份擦玻璃的工作，每月工资300元。身边的同事换了一批又一批，有的甚至刚做三四天就因为嫌薪水少、干活脏走了，他一直坚守着这个位置。五年过去了，这座城市里的写字楼、宾馆、商场他几乎都去服务过多次。他工作一丝不苟，很多顾客还点名要公司派他过来，他简直成了公司的形象代言人。

有一天，他突然辞职，自己开了一家快餐店。快餐店的竞争异常激烈，而他却很快打开了局面。原因很简单，他在擦玻璃的五年里，结识了这个城市各个角落的人，他工作时的表现已经给人们留下了深刻的印象。当他的快餐店发展到整个城市的角落，资产逾千万元时，认识他的人无不感慨地说："这位老板曾擦了五年的玻璃。"

有记者采访他，问他如何从一个擦玻璃的打工仔成为一名开快餐店的老板，并在众多实力雄厚的竞争对手中脱颖而出时，他只说了一句："因为我曾为人擦过五年的玻璃，并且擦得很好！"

曾有个高校毕业生，还是获得MBA管理学位的人中骄子，从给上司开车门、拎皮箱的小事做起，最后一步步爬到公司副总裁的位置上；华人首富李嘉诚最初只是一个茶楼的小伙计；负责管理麦当劳全球118个国家3万多家店的经理查理·贝尔，他当初的工作起点就是在麦当劳里打扫厕所……工作的意义是自己赋予的，哪怕再普通再平凡甚至被别人"看不起"的工作，只要肯放下身段用心去做，就会变得不平凡。

曾有一名女硕士拿出高中学历应聘一家酒店服务员；等到工作得到了大家的认可后，又拿出本科毕业证成功竞聘上了大堂经理；再后来工作流程与公司管理方面的知识与经验她都得心应手了，又拿出硕士证书来成功当上了总经理助理，从此跻身酒店高级管理者的行列。

第三章 韬光养晦,领导者要不计一时得失

俗话说,人往高处走,水往低处流。上行容易往下难,这是许多人的思维定式,也是做事时的心理障碍。人的"身段"是一种"自我认同",并不是什么坏事。但在很多时候,这种"自我认同"也是一种"自我限制",当你将自己定位在高层次之中,不屑于做那些看起来比较低级的工作时,却也恰恰在中间失去了成功的机会。

一个英国人和一个犹太人一同去找工作。一天,他们在一条街道上同时看到有一枚硬币躺在地上。英国青年嘀咕:"只是一个小钱,没什么用。"就看也不看地走了过去。犹太青年却激动地将它捡了起来,并且小心地放入口袋中,并说:"就算只是一枚小硬币,也有它自己的价值啊!"

两个人同时走进一家保险公司面试,他们都凭着自己丰富的知识与不俗的能力被主考官高度欣赏,一并成功进入公司做业务员。

几个月后,英国人觉得公司很小,工作很累,工资也低,所以,辞职信一写,便头也不回地走了。但是犹太青年却觉得自己可以在这里尽情地发挥自己的才干,慢慢地积累经验,于是高兴地留了下来,干活也比以前更加卖力了。

三年后,两人在街上相遇,犹太青年已经成了一家小公司的老板,而英国青年却还在挑剔中寻找着工作。

马云说:"人是退化最严重的动物。跟兽比,人很'弱肢',和狗比,人很'闻盲',但人类'进化'了抱怨。偶尔为之无大碍,但当抱怨成习惯,就如喝海水,喝得越多,渴得越厉害。最后发现走在成功路上的都是些不抱怨的'傻子'。世界不会记得你说了什么,但一定不会忘记你做了什么!"

目光远大是好事,但许多人的目光却远得有些过分——总是好高骛远,从

不肯放下架子从一线做起,比如,感叹自己才高八斗、学富五车,却毫无用武之地;抱怨没有好的条件与机遇,创业之路困难重重;等等。

每一个领导者都要明白,一个人的身份与地位固然值钱,但架子却是一文不值。不管你是处于领导层,还是在向着领导层前进,都不能让架子说话,因为,架子一开口,身价必定会暴跌。

总之,放下身段,以低姿态进入作为生存之态。唯有如此,才会看得真切,看得生动具体,才可能领悟事物的真谛,才可能实现所期望的结果,才能成功,也才能不失为一个合格的领导者。

2. 先保住自己再求发展

> 我很赞赏北大博士生的一句话:"在大学、研究生期间,不要致力于满口袋,而要致力于满脑袋。"满脑袋的人最终也会满口袋,我是相信这点的。
>
> ——王选

王选,著名计算机科学家,毕业于北大数学力学系,曾任北大计算机科学技术研究所教授。

很多企业领导者在带领企业发展过程中,都存有一蹴而就、急于求成的心理。比如,他们不管企业的发展方向、计划方针是否正确,一门心思向钱看,结果导致企业在发展过程中有了错误也不能发现,等到发现的时候已经是"亡羊补牢",为时已晚。

有句话说得好:先求生存,而后才能谋发展。一个人是这样,一家企业更是如此。还没将各方面根基稳固好,就想着企业能飞黄腾达财源滚滚,这种想法就跟期待一个不会站立的幼儿马上就会跑步一样不现实,最终只会自讨苦吃。

第三章 韬光养晦，领导者要不计一时得失

今年50多岁的周雅丽,现任沈阳艺程服装有限公司董事长兼党支部书记。然而她的创业之路并非一帆风顺。

1998年3月，周雅丽拿出自己的全部家当8万元积蓄注册成立了艺程服装有限公司，准备大显身手。她的"企业愿景"是好的，可惜在制定战略部署方面自信得过了头。

公司成立之初，周雅丽就采取了"四面开花"的战略，除经营拿手的服装加工外，她还经销各种面料，兼营冷饮和花卉。但一番折腾下来，资金只出不进，根本没有回笼的苗头，周雅丽只好到处张罗找亲戚朋友借了十几万元。

有人劝说周雅丽不要这样制定策略，经营的项目太多，不容易统筹发展，眼下能站住脚才是最重要的。但是周雅丽听不进去，并且表示不希望任何人插手公司的经营和运作。

不幸的事情很快发生了。由于对市场行情变化估计不够，又赶上服装行业的经济危机，刚进的大批面料没几天厂家就开始降价，到最后导致进价比出价还高。而且，由于一个人忙不过来，对花卉和冷饮项目经营无暇顾及，不到半年，业务亏损，都变成了积压的货物。

之后她又硬着头皮花大价钱，在一些大商场设专柜、开精品专卖店。结果赶上当时国企的转制计划，大量职工下岗，社会购买力下降，整个市场服装类消费走势降到了历年来最低点。周雅丽的公司品牌还没有得到公众的认可，资金链就被卡死了，企业步入绝境。

痛定思痛，油盐不进的周雅丽开始听从他人的指点，对市场和自己的实力做出了客观的分析。后来，她砍掉了面料经销、花卉等枝节业务，专门经营服装加工业。她还制定了务实的经营原则——大生意认真做，小生意仔细做，利润不高没关系，先保住饭碗慢慢再求发展。

专心经营服装加工的周雅丽开始发挥自己在服装业20多年的专业

技能和管理优势，心气也没以前那么高了，而是不论大小，扎扎实实做好每一笔单子。总结自己曲折的创业经历时，周雅丽感慨颇深，终于明白先求生存而后谋发展的重要性了。

世界上无数成功的大企业都是一步一步走过来的，从零开始是创业必经的一个环节，没有人可以跨得过去。只有生存下来，才能有发展下去的机会。因此，不论是什么性质的企业，不论企业规模大小与否，都应该脚踏实地，先培育市场，再考虑盈利和发展，不可以总想一口吃个胖子。

马云在《赢在中国》曾说过一句话："每个成长型企业都会碰到成长中的痛苦，几乎所有以销售为导向的企业都会遇到先求生存后求发展的问题。一旦生存好了之后就忘记了自己是为了生存。初创企业都希望迅速做大做强，但生存下来的第一个想法应该是做好，而不是做大，这是我们这么多年走下来的经验。"

阿里巴巴从无到有，从小到大，遵循的就是先求生存后求发展的原则。马云认为，刚创办的企业好比刚出生的婴儿，不能让三岁小孩赚钱。他说："一个正确的制定战略的过程，首先要做正确的事，再是正确地做事。你做正确的事，就可以事半功倍，如果你做的事是错误的，后边做得越正确，死得越快。"

在"互联网冬天"的时候，阿里巴巴一度陷入困境，这时的阿里巴巴在战略上只有一个目标——活着。有的中小企业讲了很多的战略，听起来都不错，可是最终还是顶不住压力，选择放弃了。只有阿里巴巴在"寒冬"中保存了实力，不做多余挣扎，最终活了下来。

2000年，阿里巴巴因为没有盈利，于是被指责声和质问声包围。这一年，包括新浪、搜狐、网易在内的一大批网络公司卷入互联网企业上市狂潮中，阿里巴巴始终按兵不动。到了2001年，国际互联网的全球性热潮随着纳斯达克崩盘的钟声响起而消落,各大网络公司陷入了窘境,只有阿里巴巴安然无恙。

2007年,阿里巴巴终于决定上市。当阿里巴巴宣布B2B港股发行价定为每股13.5港币时,不少人抱怨凭阿里巴巴的实力,每股应该至少定在20港币以上。后来,美国出现次贷危机,在其影响下,有的上市大企业受到强烈冲击,而阿里巴巴却仍稳步向前,并不断创造着奇迹。

提起当年阿里巴巴上市路演时,马云说:"阿里巴巴的上市路演,我们从中国香港到新加坡再到美国,到第三站已经是无底价定购……李嘉诚的伟大在于他能把钱放在桌子上跟大家分享。我多加一元,可以多收十亿元的现金,但是我意识到,IT圈子把你当英雄,但这时你真把自己当英雄,问题就来了。所以,我决定价格不提高,还是13.5港币。你制定的战略在13.5港币的股价上,你才能走得久、走得长。"

市场竞争从来都是激烈的,有不少企业耐不住性子,认为先下手为强,主动向同行业的对手挑战。殊不知,市场竞争不会以早到、晚到分胜负,而是以智谋和策略及上乘的品质来定输赢的。因此,只要先在如此激烈的竞争大潮中站稳脚跟,自然不怕会被别人抢走饭碗。

3."低"比"高"更适宜生存

能受苦方为志士,肯吃亏不是痴人。　　　　　　——闵嗣鹤

闵嗣鹤,著名数学家,曾任北大数学力学系教授。

《康熙大帝》的作者二月河曾经说过:"人生好比一口大锅,当你走到锅

底时，只要肯努力，无论朝哪个方向，都是向上的。"这就好比当股市跌得最惨的同时，也是入市的黄金时间；同样，当命运之神把人抛入低谷时，也是人生腾飞的最佳时机。

一个年轻人大学毕业以后，文学兴趣使然，接连发表了不少文章，但都石沉大海，既没有赚到钱，也没有获得期望中的名气。恰逢此时，他被炒了鱿鱼，穷困潦倒。然而屋漏偏逢连夜雨，一场更大的灾难骤然降临——他病倒了。

由于病情不容乐观，他不得已办理了长期住院手续，一时感到生无可恋，彻底绝望了。

病床上他百无聊赖，一天偶然翻看一本推理小说，从此就一发不可收拾，住院的两年间，竟不知不觉间看了两千多册。

出院后，他开始写起推理小说。后来，他的一篇名叫《班森杀人事件》的推理小说，一经出版就大受欢迎，他由此迅速走红。

他就是范达因，美国推理小说之父。他创作的《菲洛·万斯探案集》，成为世界推理小说史上的经典巨著，全球销售量达8000万册。

人生不可能始终都是高潮，必要时进入低谷对我们反而是"一剂良药"，关键要看当事人是否具备一个正常的心态和坚强的意志力。有句话说"登高必跌重"，很多时候，处于低谷时期反而更适宜生存，更容易实现自我。

谁都有过不如意，但却不必将它看作大灾大难，从而失去本该有的好心态与高斗志。就像很少有歌曲是以高音起奏、常常从低音切入逐渐变得跌宕起伏的一样，我们眼下的"低"状态是为了日后更高的飞跃。

出身贫苦的虞洽卿，自幼连读书的机会都没有，幸亏村内有一个同族的塾师，同意免费收他为生。每逢天下雨不能出门干活的时候，虞洽卿就到老先生的塾馆读书——童年时代的这件事，后被人称为读"雨书"。

15岁那年，他只身来到上海。据说那天遇上了大雨，他于是就把母亲精心缝制的一双布鞋揣在怀里，不舍得穿，光脚走路，因而后来被上海人誉为"赤脚财神"。

他先是在瑞康颜料坊做了12年学徒，直到1903年，他独资开设了通惠银号，组织成立了四明银行。次年，他又根据家乡土特产的运销情况及沪甬两地的客运实际，发起创办了宁绍轮船公司。

四明银行与宁绍轮船公司刚一成立，就立即遭到外商排挤。为不使这两个新生事物夭折，虞洽卿硬是用有限的经费来支撑这两家单位渡过了难关。《上海申报》这样报道："开市之时，储蓄柜存款尤其活跃……从创业之始，得到在沪宁波帮工商、钱业界的支持，实力雄厚，可见一斑。"

事业低谷，心态从来不低谷，正是凭着这种坚韧不拔的精神，虞洽卿终成一代著名企业家，百世流芳。

老子说：当坚硬的牙齿掉光后，柔软的舌头还在，这就说明柔软胜过坚硬。战场上面临敌人枪弹袭来时，最明智的选择是低下身子甚至卧倒，这样做可以最大限度地避免危险。这说明有时"低"比"高"更适宜生存。

我们总是惧怕低谷，其实，贫穷、失业、患病、失意……这看似可怕，其实未必是件坏事。生活中并非事事都会遂心，但正像那句话说的，没让你死的，一定会令你更坚强。

美国有一种家喻户晓的美食叫"琼斯乳猪香肠"，该食品的发明人琼斯原来身体强壮，工作认真勤勉，也从来没有妄想发财。可很不幸的是，在一次意外事故中,琼斯瘫痪了,躺在床上动弹不得,亲友都认为他这一辈子算完了。

然而琼斯身体虽然瘫痪,但他的意志却丝毫没受影响。他决定让自己活得充满希望,乐观、开朗些,做一个有用的人,不想自己成为家人的负担。于是,他思考多日后,告诉家人:"我要开始用大脑工作,由你们代替我的双手,我们的农场全部改种玉米,用收获的玉米来养猪,然后趁着乳猪肉质鲜嫩时灌成香肠出售,一定会很畅销!"

老天不负有心人,事情果然不出琼斯所料,等家人按他的计划做好一切后,"琼斯乳猪香肠"一炮走红,成为人人知晓、大受欢迎的美食。

有人说:真正的强者,不是没有眼泪的人,而是含着眼泪奔跑的人。曾有句赞扬父母官的老话——当官不为民做主,不如回家卖红薯。而今,越来越多的成功人士崇尚"遇到困难就放弃,不如回家去种地"。

都说领导者是干大事业的人,但请记住,并不是所有的领导者都是天生干大事业的人。大浪淘沙,能经得住时间的考验,并由"低"到"高"重新站起来的人,才不失为一个名副其实的领导者。

4. 耐住性子,稳住步子

我一向以道德和文章的统一要求学生,你(孟二冬)把二者很好地结合起来了。你为人清正刚毅,治学勤勉踏实,我为你骄傲。

——袁行霈

袁行霈,当代著名学者、古典文学专家,曾任北大博士生导师、国学研究院院长。

周其凤在北大2010年研究生毕业典礼上,对即将离校的学生谆谆叮嘱:"不

第三章 韬光养晦，领导者要不计一时得失

要愤世嫉俗，只有与这个社会融合，稳住步子，才能走出自己的道路来。"

不少人在遭遇人生低谷时会黯然失落，有时会因此变得心浮气躁，方寸大乱，有的甚至会愤世嫉俗。然而，当事情无法改变的时候，愤怒就变成了愚蠢。可以想见，耐不住性子这种负面心理已然成为我们生活中乃至事业上的一大杀手。

保罗·盖蒂是美国的"石油皇帝"，他一生做出过无数成功的决策，并因之取得令人瞩目的辉煌成就。当然也会有许多失败记录，最让他痛心的一次决策失误发生在1931年。

当时，美国正被经济危机困扰，股市一片凄凉。而盖蒂一向有着在不景气中迎风而上的干劲儿，于是，他一口气买了200万美元的墨西哥石油公司的普通股票。没想到，这只股票始终有跌无涨，虽然盖蒂坚信它终有一天会回升，但他的部下却担心它会继续下跌。他们众口一词地劝说道："我们不能再冒险！""我们得抛出！"……

面对大家一致的鼓动，盖蒂的决心逐渐动摇，最后决定听取部下的意见，抛出了墨西哥公司的股票。后来这只股票价格暴涨数倍，这意味着盖蒂为这个决策损失了好几百万美元。

有人将人生比作一条曲线。曲线的魅力在于，当我们处在人生高峰的时候，也许跌势已经在悄悄酝酿；而当我们处在人生低谷的时候，也许升势已经在渐渐展开。世上没有绝对的直线，世上没有静止不动的事物。因此，无论遇到什么困难，都要耐住性子不能轻言放弃。

人在高潮时享受荣誉，在低潮时体会人生。纵然我们在一系列挫败面前会感到沮丧，但却不能就此变得沉不住气，要学会在困难中等待，在等待中发现机会。

琼斯是美国著名的制片人。然而在他刚出道时却遭遇了惨痛的打击，因为独立制作的电影没有通过审核，他背上了几百万美元的债务，人生一下子走到了低谷。好朋友开导他说："在城里待不下去了，可以去乡下，我们可以为农场主打工，说不定哪天就能捡到一块大金砖。"

琼斯被好友的乐观、洒脱所感染，原本非常失落的情绪、暴躁的脾气，也开始变得平和。他知道，现在最要紧的是要有足够的耐心去应付眼前的烂摊子，而不是乱了阵脚。

之后，琼斯借钱成立了一家小公司。但不幸的是，公司接连遭遇危机，有两次差点倒闭，他曾几次裁员，甚至连支柱式的人员都被他裁掉过。但琼斯深知自己目前的处境，除了硬着头皮迎难而上别无选择。于是，他稳住人心，顶着无数压力带领团队有条不紊地前行。

20多年过去了，琼斯成了美国影视界的著名制片商。

通常，人一旦遭受打击，萎靡不振是最常见的精神状态，自暴自弃也屡见不鲜，很少有人能有足够的耐心坚持下来，在绝望中点亮希望，等待机遇的降临，而后伺机雄起。

当生命处于最低谷的时候，体内沉睡的潜能最容易被激发出来。作为一个众望所归的领导者，我们的一举一动牵动着诸多人的心，所以更需要有足够的耐心，鼓足勇气，直面困难，带领大家一同赢来危机之后的转机。

5．在逆境中坚持自己

没有人可能一帆风顺，有的人可能要遇到挫折。人生伴随着欢乐，也伴随着悲苦。忧患是与生俱来的。顺境是我们的愿望，而逆境

第三章 韬光养晦，领导者要不计一时得失

则可能是生活中应有之理，应有之义。不然的话，我们又何必讲"迎接挑战"或"参与竞争"之类的话？

——谢冕

谢冕，文艺评论家，曾任北大教授。

人生不如意之事十之八九，遭遇到"冷遇"也是人生常态，就如孟子所言："天将降大任于斯人也，必先苦其心志。"当我们也不幸被命运抛来的"冷板凳"砸到，不要退缩，更不能怀疑自己的信念，只有努力坚持下去，才能将冷板凳坐热，才能够"守得云开见月明"。

所罗门王是以色列历史上有名的君主。据说他总是戴着一枚戒指，每每遇到不顺心的事，他就将戒指摘下来把玩，用不了多长时间便能重新高兴起来。许多人都深感不解，这枚戒指怎么会有如此超凡的魔力。直到一次被大臣问及，所罗门王哈哈大笑，将戒指褪下来让大家看。戒指很普通，上面只有一句话——"这一切都将过去"。

在我们一筹莫展的时候，要看到"柳暗花明又一村"的希冀。生活中没有过不去的坎儿，冷遇不可怕，可怕的是我们在这样不如意的境况下失去自我，从此变得怯懦，甚至一蹶不振。

有个年轻人去微软公司应聘，用不太娴熟的英语解释说自己是碰巧路过这里，就贸然进来了，恳请公司给个展示自我的机会。总经理感觉很新鲜，就破例让他一试。面试的结果出人意料，年轻人表现得很糟糕。他对总经理的解释是事先没有准备，总经理以为他不过是找个托词下台阶，就随口应付：那等你准备好了再来试吧。

一周后,年轻人再次走进了微软公司的大门。这次他依然没有成功,只是比起第一次来,他的表现要好得多。而总经理给他的回答仍然同上次一样:等你准备好了再来试吧。

就这样,这个年轻人先后5次踏进微软公司的大门,最终被公司录用,成为公司的重点培养对象。

许多人在遭到拒绝的时候,自信心与自尊心受挫,之后便毫不犹豫地选择放弃,结果失去了一次很好的机会;而有的人就能越挫越勇,迎难而上,纵然遭受白眼与冷言冷语的攻击,仍然能坚持自己最初的理想,最终成功逆转情形,迎来胜利的曙光。

在一个不起眼的小军营里,有一个样样训练拿倒数的小兵,名叫约翰。军官训斥他,伙伴们嘲笑他,但他并未灰心丧气。他在自己的枪托上刻下了这样一句话:"约翰,你行,你是一名好兵,也一定能成为一名将军!"后来,他果然成了一名将军。

著名漫画家吉米自幼喜爱画画。可是,赏识他作品的人屈指可数,为了鼓励自己,他在每幅画的后面写了一行小字:这是吉米的画。后来他成功了,他的每幅画,都能卖到成千上万英镑,许多资深收藏家争先恐后地购进他的画。

"自古英雄多磨难,从来纨绔少伟男。"逆境不可怕,会居安思危的人才能有所成就,而怀有"塞翁失马"心态的人,更能守得云开见月明。凡是想干出一番事业,就要经受得住冷遇的打击。坐不得冷板凳的人,做人玩世不恭,无责任感,无使命感,一切无所谓,这种消极心态,还不如直接撂挑子来得痛快。

因此,让我们都少些浮躁,多些坚持;少些作秀,多些实在;少些吹嘘炒作,多些实事求是。只有矢志不渝,经得起冷遇的考验,把冷板凳坐热,才能成就一名真正能干大事的领导者。

第三章　韬光养晦，领导者要不计一时得失

6. 不逼自己一把，你永远不知道自己有多优秀

> 在我们的生活中最让人感动的日子总是那些一心一意为了一个目标而努力奋斗的日子，哪怕是为了一个卑微的目标而奋斗也是值得我们骄傲的，因为无数卑微的目标积累起来可能就是一个伟大的成就。金字塔也是由每一块石头累积而成的，每一块石头都是很简单的，而金字塔却是宏伟而永恒的。
>
> ——俞敏洪

俞敏洪，毕业于北大，新东方集团创始人。

在北大人的心中，无论是做学问还是干一般事情，没有最好，只有最好。这与网络上流行的一句话颇为类似：一个人，如果你不逼自己一把，根本不知道自己有多优秀。很多时候，人的无限潜能与克服困难的力量就是被逼出来的。

一个人追求的高度决定了他人生的高度，如果他为自己划定了界限，那么他将永远无法突破它。所以，必要的时候一定要记得逼自己一把，只有如此才能超越自己，跨过自我设限的藩篱。

一天，美国西雅图德高望重的泰勒牧师，向听课的同学们郑重其事地承诺：谁要是能背出《圣经·马太福音》中第五章到第七章的全部内容，他就邀请谁去西雅图的"太空针"高塔餐厅参加免费聚餐会。

《圣经·马太福音》中第五章到第七章的全部内容有几万字，而且不押韵，可以想象得出，要完完整整并且准确地背诵下来有多么大

的难度。尽管参加免费聚餐会是许多学生梦寐以求的事情,但是几乎所有的人都浅尝辄止、望而却步了。

几天后,班上一个11岁的男孩,胸有成竹地站在泰勒牧师的面前,从头到尾一字不落地背了下来,背到最后,简直成了声情并茂的朗诵。

泰勒牧师很好奇,问他:"你怎么能背下这么长的文字呢?"

男孩不假思索地回答道:"我竭尽全力。"

16年后,那个男孩成了世界著名软件公司的老板,他就是比尔·盖茨。

竭尽全力做事情,永远都要比尽力而为多出几分胜算——而这也是能狠得下心逼自己一把的结果。许多人爱给自己泼冷水,自戴"心灵枷锁",不敢自我超越与突破,使本可以很容易展示的能力泯灭,同时也阻碍了潜能的发挥。

如今,在浑浑噩噩中过日子的人一抓一大把。他们不是因为自身能力不够,而是因为安于现状,太"宠"自己,不忍心让自己受累,在安逸中懈怠,在平庸中堕落,过着"青蛙温水"般的生活,最终贻误了拼搏事业的大好良机。

曾有一位在某中外合资企业担任网络通信设备的销售经理,自从坐上经理的位置后就成了"活死人",每天上班不是打开电脑聊天,就是无所事事地泡茶喝,在一杯杯的"大红袍"中翻过了日历。而他的下属,学历比他高,能力比他强,经验也在数年的商海中获得了积累,羽翼日渐丰满,销售业绩惊人,在公司最近的绩效考评中名列第一,迅速淘汰了他这位上司,留给他的只有岁月的蹉跎和时光的惋惜。

电影《中国合伙人》中,讲述的是黄晓明、邓超、佟大为主演的三个年轻人从学生年代相遇、相识,拥有同样的梦想至一起打拼事业,共同创办英语培

第三章 韬光养晦，领导者要不计一时得失

训学校，最后功成名就实现梦想的励志故事。"逼自己一把"——这是许多人看完后最深的感受。

故事中，如果成东青没有被开除，也许就会与中国顶尖教育培训机构的领导人失之交臂；如果孟晓骏没有被炒鱿鱼，可能仍然得意忘形地在美国喂小白鼠；如果王洋没有被外国女友甩，说不定还是每天写作的小愤青……这一幕幕全都是印证了那句"不逼自己一把，就不知道自己有多强大"的话。

通常，被迫逼自己一把的情况，多在竞争或者被竞争的时候发生。毋庸置疑，竞争是残酷的，但这也是发展的动力所在。就好像没有天敌的动物往往最先灭绝，有天敌的动物则会逐步繁衍壮大一样。

安瑞姆是美国一家大型公司的推销员。一个令他无比烦恼、却令同事们无比窃喜的事实是他的业绩在公司里是最差的。因此，自从公司传出要裁员的消息，几乎人人都认定了安瑞姆肯定会成为黑名单上的第一个人。

怀着沉重的心情，安瑞姆回到家，默默地想：我真的会被裁掉吗？如果真的没有了这份工作，我的妻子与孩子吃什么？不，那样的生活太恐怖，我绝对不能被裁下来！

于是安瑞姆坚定地告诉自己：相信你！你一定不会失去这份工作，拿出斗志来吧！

第二天早晨，他上街理了发，还买了新衣服，精神百倍地投入工作。从此，他的销售额递增，打破了裁员名单的预言；一年后，他在公司的业绩竟然从排名最后跻身到前几名；两年后，他成为国内销售部成绩最佳的推销员。

年度大会上，董事长让安瑞姆向在座的各位谈谈成功的秘诀。安瑞姆说："我的改变要归功于那个裁员预言，当时，我意识到自己已

经陷入困境的时候，我特别害怕，于是我下决心一定要改变。就是因为我逼自己的那一把，才成就了今天的自己。"

马云曾就"竞争"形象地比喻道："就像武侠小说里所描写的，一个有资质的人才总会在一次又一次的比武中得到一些非同寻常的顿悟，进而功力大增。" 竞争是发展的强大动力，它不是成功的坟墓，而是成功的摇篮，有竞争，才有发展。一位企业老总在谈及自己的成功经验时总结说："我今天的成绩要归功于竞争对手，是竞争对手助我上青天。"

谁都会遇到不能解决的问题，碰上走不出的瓶颈，比如竞争，比如困境。每到这时，人的惰性随之而来，会想着怎么去逃避或者是绕行。如果假设这困难、这任务没有后路可退，你又将如何呢？这个时候，一个有头脑的领导者知道，眼下唯一的道路就是逼着自己勇往直前地冲，当冲破障碍后，回头想想：就这么一回事，庆幸当初逼了自己一把。

7. 机会永远垂青有准备的人

所谓"谋事在人，成事在天"。成功不成功，有很多偶然的成分在里边。但是"谋事在人"这个收获是你自己能把控的。 ——王志东

王志东，毕业于北大，新浪创始人。

古人云："江山代有才人出，各领风骚数百年。"今天的北大，走过百年的风风雨雨，一直没有被历史遗忘，反而始终站在学术阵地的最前沿。从根本上来说，就是因为在北大，不论是教授还是学生，都时刻保持着清醒的头脑，对于自己要做的事情都持有正确的态度，并为之做好一切准备，如此，怎能不

第三章 韬光养晦，领导者要不计一时得失

会成就一番辉煌？

机会总是留给有准备的人是一个必然规律，这就像一个推理公式一样：机会是偶然的，而准备是必然的；当一个偶然的机会遇到一个早有准备的人，自然也就为他所捕获。

朱保国是健康元药业集团的掌门人，拥有两家医药上市公司，即健康元和丽珠集团。有人羡慕地说，能有今天的成就，朱保国的运气实在是太好了。但在朱保国本人看来，从来就没有"运气"一说，因为，机遇永远青睐有准备的人。

朱保国30岁开始创业，在深圳经过近10年的艰苦打拼后，于2001年带领太太药业成功在A股上市。朱保国说，上市说起来容易，但自己实际上准备了好几年。1992年太太药业创立后，就聘请世界六大会计师事务所之一的安达信审计账目，当时太太药业打算海外上市。

然而一年以后，亚洲金融风暴爆发，香港股市惨跌。短期内在香港上市的打算瞬间化为泡影。1998年，朱保国决定在A股上市。但是由于美林证券不同意太太药业发A股，朱保国不得不又以2500万美元的价格将14.9%的股权回购。不仅如此，他还将自己的房子抵押了出去。上市不久，太太药业的股权已经增值数十倍。

2002年太太药业成功并购丽珠集团，让朱保国显露出资本大鳄的形象。朱保国说，实际上1996年自己就盯上了丽珠。在当时丽珠有一部分股权要出售的时候，朱保国立刻跑到珠海，亲自与丽珠的创始人徐孝先谈判，却遭到无情拒绝。因为坚信丽珠是个好公司，所以朱保国一直盯着，中间又托人与徐孝先有过接触。后来，徐孝先终于同意把股份卖给他。朱保国喜出望外，连讨价都没有，就当即定下。

所有的经历都证明，朱保国的成功并非靠运气，他的确是一个善

于捕捉机会、把握机会的人。

有这样一则寓言：一只野狼卧在草地上勤奋地磨牙，狐狸对他的这一举动不以为然，并劝他说，猎人和猎狗已经回家了，老虎也不在近处徘徊，又没有任何危险，你何必那么用劲磨牙呢？还是好好睡个觉休息休息吧！野狼说：我磨牙并不是为了娱乐，你想想，如果有一天我被猎人或老虎追逐，到那时，我想磨牙也来不及了。而平时我就把牙磨好，到那时就可以保护自己了。在被猎人和猎狗追逐之前，先把牙齿磨得又尖又利。这样在危险突然降临之时，才不至于手忙脚乱。

"书到用时方恨少"，平常若不充实学问，"临时抱佛脚"肯定是来不及的。总有人抱怨说没有机会，然而当机会真正来临的时候，又有几个人能把握住呢？大多数人都因为没做好准备，而与机会失之交臂，追悔莫及。

著名领导力训练专家谭小芳认为，总有人抱着一种扭曲的变态想法，大言不惭地对自己说："等着吧，等到我时来运转，机会到来时，我一定会咸鱼翻身，让所有人对我刮目相看。"但事实上，机会在通常情况下是不会主动上你家门口报到的。所以，不要迷信机会，机会只是一个契机、一个平台，真正的主角是你自己。

从工业到商业，从中低端到中高端，从武汉到全国——欧亚达集团用20年的时间演绎了三次完美的跨越。诚如欧亚达集团董事长兼总裁徐良喜所说："适者生存，机会永远垂青有准备的人。"

在全国各地上演"开店风暴"后，欧亚达已经不再满足于简单复制，而把一个重心放在了商业地产上。在徐良喜看来，进军商业地产，是欧亚达集团发展的必然路径："随着生活水平的提升，随着消费习惯的变化，越来越多的消费者希望一次性解决吃、喝、玩、乐、购五大需求。欧亚达打造这样的一站式购物平台,是适应市场需求,也是引领业界潮流。"

此外,已在家居商业流通领域羽翼丰满的欧亚达,拥有进军商业地产的天然优势。"事实上,发展商业地产,是对现有的家居产业链进行有效的延伸和连接。利用已有的品牌效应和人气聚集能力,欧亚达能比较容易地扩大商业外延。此外,欧亚达现有的运营模式可以借鉴到商业地产的项目之中,管理团队也能有效嫁接。"徐良喜说。

由于对商业发展情形有着明确的认知,并一直为之做着不懈的准备,徐良喜在地产领域的发展前景一片大好。

大家都知道,马云第一次下海创业是做翻译社。为什么做翻译呢?是因为马云的英语特别好,毫不夸张地说,"可能当时在杭州是英语最好的一个人"。所以马云才敢办翻译社。而后来马云之所以搞阿里巴巴,原因就在于他对电子商务熟悉,并且已经为之做了充分的准备。

机会只垂青有准备的头脑。作为创业先锋,即领导者,无论是从一个行业转入另外一个行业,还是初入商场,从事一项新的行业,都应该先做好一番准备,如此才不会让到门前的机会又掉头溜走。打个比方来说,就算天上真的掉馅饼了,如果你连脖子都懒得伸出去,馅饼又怎么可能掉在你头上呢?

8. 遭受重创后,一定要东山再起

灰尘掉进人眼变成眼泪,赐给蚌壳就变成珍珠。　　——唐师曾

唐师曾,毕业于北大,著名记者。

北大领导课

金山CEO雷军，一次在北大演讲时曾说："也许仅仅依靠学习，雷军永远不是人们心目中的天才。但是，加上一点点不死心，就足以让他在中国IT界留下自己的名字了。"中国通用软件企业倒下后鲜有东山再起者，金山却是一个例外。金山能从盗版横行、微软紧逼的境地绝处逢生，绝不是靠运气。

华为总裁任正非说过："一个死过三次又爬起来的公司，才是一个成功的公司。"重创与失败是每个大公司在成长路上必经的阵痛，只要你敢于坚持，一定会有东山再起的一天。

1997年年初，巨人大厦未按期完工，债主纷纷上门，巨人现金流彻底断裂，巨人大厦停工。"巨人倒下"，负债2.5亿元的史玉柱黯然离开广东，"北上"隐姓埋名。

幸运的是，受到重创的史玉柱，除了缺钱外，似乎什么都不缺——20多人的管理团队，没有一个人离开。为了尽快还债，他决定做市场大、刚起步的保健品。

1998年，史玉柱找朋友借了50万元，开始运作脑白金。他选择购买力强、广告成本比较低的江阴作为根据地，并以"大赠送"的形式正式启动。此后，史玉柱如法炮制攻下一个个城市。到2000年，公司创造了13亿元的销售奇迹，成为保健品状元，并在全国拥有200多个销售点，规模超过了鼎盛时期的巨人。

3年不到，史玉柱又重新站了起来。2000年秋天，他还清了全部债务，不再是"中国首负"。2001年2月3日晚，史玉柱因还债之举接受采访，他摘下墨镜，重新用上名片，再也不用担心别人认出他是史玉柱。

金融危机时，史玉柱曾大量减持民生银行股票。但从2011年3月开始，史玉柱秉持"别人恐慌的时候我贪婪"的巴菲特理念，并承诺"3年不抛售民生银行A股"。如果自2011年底算起，史玉柱13个月来浮盈超过60亿元,被股民大呼"股神"。

在遇到失败时,很多人只顾垂头丧气、怨天怨地,甚至借酒浇愁,逃避现实,哭天丧地,就像明天是世界末日一样……却忘记了思考自己为什么失败,忘记了失败其实也是一种资本——垫起成功高度的资本。

马云在《赢在中国》一期节目里讲道:"对于创业者来说,今天很残酷,明天更残酷,后天很美好,大部分人死在明天晚上,看不到后天的太阳……"这就是坚持与放弃的巨大影响力,它拉开了希望与绝望以及成功与失败的鸿沟。

真正的失败是遭到重创后的自暴自弃,未能及时从中汲取有用的经验。能否取得成功重要的是面对失败的态度,从挫折中吸取教训,才有可能反败为胜。

艾科卡从21岁到福特公司任职见习工程师开始,工作上一直十分努力。最后他终于摇身一变成为福特公司的总经理。然而,命运却跟他开了个不小的玩笑,他在1978年7月13日被妒火中烧的老板亨利·福特二世开除了。

一夜之间,艾科卡如同从云端重重落下,就连昔日要好的同事与朋友都对他避之不及。这可说是他生命中最严重的一次打击。就在他觉得自己要完蛋了的时候,一则招聘启事又点燃了他心中希望的火种。他应聘到濒临破产的克莱斯勒公司出任总经理一职。

之后,凭借着他过人的智慧、胆识和魄力,大刀阔斧地对克莱斯勒公司进行整顿与改革,同时向政府求援、舌战国会议员,取得了巨额贷款,重振了企业的雄风。

"艰苦的日子一旦来临,你除了做个深呼吸,并且咬紧牙关、继续奋斗之外,实在别无选择。"艾科卡曾经如此说道。所以他没有被困难打倒，反而接受全新的挑战。

《十二个以人力胜天的人》一书中曾有这么一段话："生命中最重要的一件事就是不要把你的收入拿来算作资本，任何一个傻子都会这样做。但真正重要的事是要从你的损失里获利。这就需要有才智才行，而这一点也正是一个聪明人和一个傻子的实在区别。"

生意场上不可能永远都一帆风顺，总会遇到这样那样的困境。有的人一蹶不振、自暴自弃，跌入低谷后再也爬不上来，从此销声匿迹；而有的人在企业遭受重创后仍能东山再起，让其起死回生，甚至登上更高的山峰。他们是靠什么做到东山再起的呢？是靠毅力、信心及从失败中吸取的教训。

有时看似逆境的情势，其实是展开顺境的起点，这全在于我们是否能将失败转化成铺设成功坦途的材料。因此，损失并非一无是处，它就像一个"酸柠檬"，酸涩但不是坏的。当命运交给你一个这样"酸柠檬"的时候，你就得想法把它做成一杯可口的"柠檬水"。

9. 人生是一场马拉松，赢到最后才叫赢

北大所培养的各专业的专家、学者都必须是思想者，必须是永远不满足现状，永不停止思想探索的精神流浪汉。　　——钱理群

钱理群，曾任北大中文系教授。

钱理群教授曾毫不留情地指出北大学子很容易犯的毛病，即"志大才疏""眼高手低"。所谓爱之深，责之切，相信钱理群教授也是出于对学生的殷切期待，才指出了他们身上这一症结所在。事实上，这也是现实生活中我们

不少人的通病。

许多人都有着了不起的志向，却不肯正视现实中存在的问题，结果最后成了"心比天高，命比纸薄"的典型。古人云："山不辞土，故能成其高；海不辞水，故能成其深。"人生恰恰像马拉松赛跑一样，只有坚持到最后的人才能成为胜利者。

黄志峰，著名民营企业家，江苏政田重工股份有限公司总经理、南通通用机械制造有限公司总经理。在向记者讲述他10多年来坚守实业的艰辛时，他充满快乐和满足。他认为，做实业不能想着挣快钱，持之以恒就会赢在终点，赢在终点才叫真正的赢。

1997年，黄志峰开始了下海创业之旅。他选择了机械制造业，一开始主要生产肥皂机械、牙膏机械、包装机械等。1999年的一次资金危机，让黄志峰记忆犹新。那时，加工零件的费用收不回来，企业要买原材料没钱，债主又追债，找银行借30万元，银行却说抵押手续不全不能贷。

"那是我办企业最困难的一道坎，工厂几乎维持不下去了。"黄志峰说，"幸好当时南通市科技局下来搞科技创新调研，发现我们的几个产品不错，决定对其中一个产品进行扶持，给了部分创新基金，才解了燃眉之急。"

"做实业，会面临很多困难，也会遇到很多诱惑。"黄志峰说，"但我坚持下来了，这么多年，我心无旁骛，一直朝着实业的方向在走，因为我坚信，实业是经济的脊梁。"

2008年年初，有个朋友约黄志峰一起搞一个商品房的楼盘。"这个项目要是做成，至少可以赚两个亿。但代价是工厂受影响。如果搞房地产，当时的收益肯定会大得多，但如果荒了实体经济的主业，却得不偿失。"黄志峰说。

在黄志峰眼中，做实业要有三个"耐得住"。一要耐得住"平凡"。就像农民种庄稼一样，要日复一日，年复一年地悉心耕作，才会有收获。

二要耐得住"寂寞"。搞实业要靠自己打拼，很少有现成的经验可循，在做出成绩之前，要沉得下心，甘受寂寞，贵在坚持。

三要耐得住"煎熬"。做实业不可能一帆风顺，可能碰得鼻青脸肿甚至头破血流，会遇到资金短缺、贷款难、没有订单等各种难题。要积极应对，不要怨天尤人，也不能简单地归结为实体经济带来的问题，把困难推向社会。

"做到这三个'耐得住'，你才有做实业的'资本'。除此之外，别无捷径。"黄志峰说。

成功不是将来才有的，而是从决定去做的那一刻起，持续累积而成。"风物长宜放眼量"，人生是一场马拉松，你不能奢望一步到位跑到终点。其间要考验你的耐力和韧性，所有想摆脱这一过程的人，到头来都免不了要受到命运的捉弄。只有不浮躁的人，才能有缘见到怒放在人生跑道尽头的成功之花。

对于领导者的事业来说，最大的一个问题就是沉不住气，尤其是事业处于低潮期，比如被对手打压的时候。这也是大多数人最爱犯的错误。大权在握，很多人都会油然生起一股纵横睥睨的傲气来，进而认为做什么事都能一蹴而就，轻率决策，结果一败涂地。

德国阿迪达斯公司是一家历史悠久的生产运动鞋的大型跨国企业，自从杰西·欧文足登阿迪达斯跑鞋夺取第十一届奥运会百米金牌以来，阿迪达斯一再扩张市场，在世界各地大批建立分公司，并涉足许多新的领域，全球市场覆盖率很快达80%以上。

阿迪达斯的扩张速度令美国耐克公司的创始人比尔·鲍尔曼羡慕不已，他决定在本公司产品上制定一系列推广方针。于是，鲍尔曼抓住阿迪达斯一再扩张市场的机遇，潜心研究其生产经营特色，并抓住全球跑步健身热兴起的时机，效仿阿迪达斯的生产和经营方式，依靠产品的新颖和质量，很快在体育界打响了牌号。

后来，阿迪达斯公司由于摊子大、战线长、产品不能适应各层次消费的弱点越来越明显，此时其管理、发展跟不上，且人的素质也跟不上迅速膨胀的需要，从而使企业陷入了债务缠身、举步维艰的困境，终于被挤下了盟主的宝座。原本运动鞋领域由一枝独秀变成双雄争锋，阿迪达斯为它不切实际的扩张付出了代价。

领导者不用亲临前线，然而坐镇指挥更需要他拥有一个清醒的头脑，因为当一个人失去耐心的时候，同时也失去了明智的头脑，就难以清楚地分析事物了。因此，如何克服急躁，保持足够的耐心与坚持的信念，就是领导者所要必修的一门课程了。

第四章

胸怀大志，但更要从细节入手

1. "差不多"会造成工作中的悲剧

> 板凳须坐十年冷，文章不著一句空。　　　　——翦伯赞

翦伯赞，著名历史学家，曾任北大历史学系教授兼系主任、北大副校长。

这是翦伯赞在谈到治学要严谨时引用的一句名言，旨在告知大家，做学问，写文章，都要一丝不苟，严肃认真，如此才能与北大历来勤奋严谨的治学态度相符，不欺于众。

曾任北大校长的胡适之先生，发表过一篇名为《差不多先生传》的文章，借以告诫北大学子与众多钻研学术却又喜欢敷衍了事的人们："差不多"不可取，严谨的态度最重要。

《差不多先生传》一文中这样写道：

他常常说："凡事只要差不多就好了，何必太精明呢？"

第四章 胸怀大志，但更要从细节入手

他小的时候，妈妈叫他去买红糖，他却买了白糖回来。妈妈骂他，他摇摇头道："红糖和白糖不是差不多吗？"

他在学堂的时候，先生问他："直隶省的西边是哪一个省？"他说是陕西。先生说："错了，是山西，不是陕西。"他说："陕西同山西不是差不多吗？"

后来他在一个钱铺里做伙计，他会写，也会算，只是总不精细，"十"字常常写成"千"字，"千"字常常写成"十"字。掌柜的生气了，常常骂他，他只是笑嘻嘻地说："'千'字比'十'字只多一小撇，不是差不多吗？"

有一天，他忽然得了一种急病，叫家人赶快去请东街的汪大夫。家人急急忙忙地跑去，一时寻不着东街的汪大夫，就把西街的牛医王大夫请来了。"差不多先生"躺在床上，知道寻错了人，但病急了，身上痛苦，心里焦急，等不得了，心里想道："好在王大夫同汪大夫也差不多，让他试试看吧。"

于是这位牛医王大夫走近床前，用医牛的法子给"差不多先生"治病。不一会儿，"差不多先生"就一命呜呼了。

"差不多先生"差不多要死的时候，还断断续续地说道："活人同死人也差……不多……"他说完这句话，方才气绝。

"差不多先生"的悲剧告诉我们，看似差不多，实则差很多。但如今，我们的身边就有太多"差不多先生"，比如在每个公司或企业里，都可能存在着这样的员工：他们每天按时上下班，却从来不及时完成工作；他们看似很忙，却不愿精益求精；他们只知接受指令，却从不管办事结果……总之，把事情做得"差不多"就是他们的行为准则。

毋庸置疑，这是令大多数领导者都感到极为头疼的事情。

刚实行改革开放的那年,有一家私营面粉厂的业务员来到小麦产区采购小麦,粮库的负责人表示,粮食的价钱要一吨1000元。业务员拿不定主意,便给公司老板发电报:"一万吨小麦,每吨1000元,价格高不高?买不买?"

老板看到电报后生气地对秘书说:"真是乱弹琴,哪有这么高的价格,现在最高的价格也不到900元,给他发电报,就说价格太高!"

秘书赶紧跑到邮局发了个电报:"不太高。"

没几天,业务员带着签订的购销合同回来了。老板感到莫名其妙,追查原因才知道,秘书发电报时,"不"字的后面少了个句号。一个标点符号,让公司蒙受上百万元的损失,老板气得跳脚,仍是按法定程序履行了合同,同时也解雇了秘书。

其实,很多时候,我们所缺少的并不是技术、设备、流程和理念,而是一种尽力把工作做到位的执着精神。凡事最怕"认真"二字,当一个人无论做什么事情都能多一分认真时,便也可以避免许多不必要的失误出现。

有一家企业引进了德国设备,德国工程师在设备安装调试验收时,发现有一个螺钉歪了,但是它的紧固度没有问题。该企业工程师认为这没有什么大不了的,所有六角螺钉的紧固度不可能都一丝不差,差不多就行了。德国工程师却坚持说:"不,这完全可以做到。六角螺钉歪了,是因为在拧这个螺钉的时候,没有按规范标准进行操作。"

后来通过调查发现,是企业安装工人的问题。按照技术操作标准要求,上这些大螺钉需要两个人共同完成,一个人固定扳手,另一个人拧螺钉。可是这个企业安装工人的操作却是一个人上螺钉,另一人休息。

古罗马的恺撒大帝有句名言:"在战争中,大事件都是小事情造成的后果。"这句话换成我们中国的警句大概就是"差之毫厘,谬以千里"吧!每个企业领导者都希望自己的员工个个都是"省油的灯",但不能避免公司里有几个"差不多先生"。我们要做的是在根本上抓严谨,只要公司每个人抱有消灭"差不多"的决心,把自己的工作完全做到位,那么,企业的快速发展将指日可待。

2. 善于在细节上下功夫

> 把事情做到极致。　　　　　　　　　　　　　　　——李彦宏

李彦宏,北大知名学子,百度集团创始人。

北大的学风是——勤奋、严谨、求实、创新。其中,"严谨"向来为诸多北大学者、教授所推崇,告诫北大莘莘学子在学习或者工作中要注意细节,因为古往今来,凡是能在某一行业或者某一方面取得成功的人,都是那些善于在细节上下功夫的人。

明朝有名的清官况钟,升任苏州知府,当时苏州豪强污吏相互勾结利用,百姓赋税繁重,是全国有名的难治之府。由于自己初来乍到,摸不清下属的底细,便装作木讷愚钝,若是胥吏有徇私舞弊的,他也睁一只眼闭一只眼,给人一个"傻子"的印象。

就在胥吏们高高兴兴地私下以为这位新任太守是个软弱草包时,有一天,况钟突然召集胥吏们到堂前,神情无比严肃,厉声质问道:

某人于某日因某事索取贿赂若干,是吧?某日,又是如此!你们有些人长期以来玩弄这种手段,罪当死!

于是,将罪大恶极的数人处以死刑,并训斥那些贪虐庸懦的官吏。由此大震全府,上下都奉法职守。

不得不说,况钟的手段实在是高明,先是靠装傻蒙骗住他人的眼睛,然后又悄悄观察并记录了这些受贿者的一举一动,将每个细节都摸得一清二楚,让人辩驳也找不到理由,只好认罪伏法。可见,一个肯于在细节上较真的人,最终能达到自己的目的,干成大事。

汪中求先生在《细节决定成败》一书中曾说:"芸芸众生能做大事的实在太少,多数人的多数情况总还是做一些具体的事、琐碎的事,也许过于平淡,也许过于鸡毛蒜皮,但这就是工作、是生活,是成就大事不可缺少的基础。员工只有通过做小事的认真,才能成就处理单位中大事的能力。"

一个年轻人初入职场时,有一次被公司上级从财务室调到了总经理办公室担任助理工作,其中有一项工作就是帮总经理报销他所有的票据。

其实票据是一种数据记录,它记录了和总经理乃至整个公司营运有关的费用情况。于是他就建立了一个表格,将所有总经理需要报销的票据,按照时间、数额、消费场所、联系人、电话等记录下来。

他起初建立这个表格的目的很简单,是想在财务上有据可循。但是,通过这样的一份数据统计,他渐渐地发现了一些上级在商务活动中的规律。比如,哪一类的商务活动,经常在什么样的场合,费用预算大概是多少;总经理的公共关系常规和非常规的处理方式等。

当上级发现这个年轻人会把自己交付的工作处理得很妥帖,甚至能及时准确地处理自己没有告诉过这个下属的信息时，年轻人告诉了上级他的工作方法和信息来源。

渐渐地，上级基于这种良性积累，交给年轻人越来越多的更加重要的工作。后来，年轻人升职的时候，上级感慨说他是自己用过的最好用的助理。如今，这位年轻人已是这家大公司里举重若轻的职业经理人。

美国大亨洛克菲勒在积累起他富可敌国的财富之前，曾经做过小小的记账员。那个时候，他就已经懂得了细节和小事的重要性。他时时不忘记账，把花掉的每一分钱都详细地记在了他的账本上。从几美分到几千万美元，包括给未婚妻买花的钱，在洛克菲勒的账本上都记得清清楚楚。他曾说："数字即为金钱，丝毫马虎不得。"

海尔总裁张瑞敏说过："把每一件简单的事情做好，就是不简单；把每一件平凡的事情做好，就是不平凡。"

海尔集团"严、细、实、恒"的管理风格，把细和实提到了重要的层次上，以追求工作的零缺陷、高灵敏度为目标，把管理问题控制解决在最短时间、最小范围，使经济损失降到最低，逐步实现了管理的精细化，消除了企业管理的所有死角，大大降低了成本材料的消耗，使管理达到了及时、全面、有效的状况，每一个环节都能透出一丝不苟的严谨，真正做到了环环相扣、疏而不漏。

在一家著名的跨国公司里，因不必要的错误带来的损失高达25万美元；华盛顿邮局的退信部门每年要收到700万封无法投递的信件，这其中，有几百封连地址都没有写……

正所谓成也细节，败也细节，一心渴望伟大、追求伟大，伟大却了无踪影；甘于平淡，认真做好每个细节，伟大却不期而至——这也就是细节的魅力。每一个领导者都要有这样一种善于抓细节的眼力与能力，因为只有在细节上将每个问题都处理到位，才能确保公司的运作与发展更加顺利而且有个更好的前景。

3. 举手投足不可马虎

高调和低调是相对的，一个人如果有充分的自信，或者自己对自己的人生、工作各方面很享受的话，他不需要外在的修饰来高调。

——王志东

王志东，毕业于北大，新浪创始人。

司马光在《资治通鉴》中记载："上神采英毅，群臣进见者，皆失举措；上知之，每见人奏事，必假以辞色，冀闻规谏。"这里说的就是唐太宗处理公务时的形象，举手投足之间尽显帝王风范，颇受人敬畏尊重。

领导者是"领导"的人格化，是领导权力的化身。通常，领导者形象是领导力的组成部分；形象作为一种非权力影响力，是领导者权威的真正内核。古今中外，领导者经常出现在公共场合，因此，领导者形象的塑造就显得尤为重要。

1917年1月4日，这天的北京城天寒地冻，大雪纷飞。一辆四轮马车驶进北大的校门，徐徐穿过校园内的马路。此时此刻，早有两排工友恭恭敬敬地站在两侧，向这位刚刚被任命为北大校长的传奇人物——蔡元培，鞠躬致敬。

蔡元培缓缓地走下马车，目光扫过两排整整齐齐的工友，随后他摘下了礼帽，向这些杂工鞠躬回礼。在场的许多人都惊呆了：这在北

第四章 胸怀大志，但更要从细节入手

大是前所未有过的事情！北大是一所等级森严的官办大学，校长是内阁大臣的待遇，从来就不把工友放在眼里。今天的新校长怎么了？

像蔡元培这样地位崇高的人向身份卑微的工友行礼，在当时的北大乃至中国都是罕见的现象。而正是因为蔡元培的这个举动，北大的"新生"由此细节开始。蔡元培希望通过这一行为开风气之先，使得这所大学焕发生机。

此后，他每天进学校时，都要向站在大门旁边的工友鞠躬致敬。久而久之，这成了他的习惯。他的这一行为，是对北大官气的一个纠偏，是一面如何做人的旗帜。

北大庆祝二十周年校庆的时候，一位音乐家在校庆大会上唱出了一首热情洋溢的歌曲："春明起讲台，春风尽异才，沧海动风雷，弦诵无妨碍。到如今费多少桃李栽培，喜此时幸遇先生蔡，从头细算，匆匆岁月，已是廿年来。"

上任不到一年的蔡元培，就已经将自己融入了北大。他的继任者，也纷纷效仿于他，以身作则，时刻注意自己的领导形象，才有了今天的北大。

领导者的举手投足代表的不仅仅是自身形象，还是一个团队或组织的形象。如果每个领导者都像蔡元培这样，敢于开风气之先，那么，何愁手下的组织不会发展得越来越好？

在海尔，张瑞敏经常强调细节决定成败。海尔集团之所以能够成为世界著名品牌，就在于其对每个细节的把握：海尔员工上门，总是彬彬有礼，从随身携带的鞋套、放工具的小毯子到抹布，无不体现海尔员工对顾客心理细节的把握，正是这样无数个细节的累积，才成就了今天的海尔帝国。

世界上成功的巨人无一不在乎自己的形象。他们知道，一个成功的政治

家、企业领袖靠的不仅仅是自己杰出的才华，他们如同一个优秀的演员，靠的不仅仅是自己能带给追随者的信念和对未来的承诺，更重要的是他们非常懂得形象的魅力并能够运用这种魅力，这也是他们能够呼唤、吸引着千千万万的追随者的重要原因。

当潘石屹被问及"企业领导者的个人形象和企业形象之间有必然的联系吗"时，潘石屹的回答是："当然有。"

潘石屹说："个人形象对每一个人来说都很重要，对企业的领导者来说尤为重要。尽管社会上最关注的是公司的产品，而不是公司的领导者本身，但领导者个人形象和公司形象之间还是有着千丝万缕的联系。就拿我来说，我每天早上在家对着衣架所做的选择和到办公室后选择什么样的设计师、建筑材料，决定建设什么样的项目是密切相关的。"

潘石屹认为，个人形象首先体现在外表上，包括梳什么样的发型、穿什么样的衣服、戴什么样的眼镜等。它传递给人的是初步的印象。

潘石屹甚至在个人形象管理方面总结了一些经验：

千万不要随意说假话，否则很容易自毁形象。最好也不要刻意去做什么，否则会很累。真实、自然最能体现个人形象的特色。

千万不要今天这样，明天那样。否则会把自己的形象一段一段破坏掉。打造个人形象要注意连续性，包括穿着打扮、言谈举止、行事风格都要尽量保持前后一致。

千万要记住，穿着打扮远没有你说什么重要，说什么也没有你做什么重要。个人形象的树立关键取决于你做什么，怎么去做，而且经得起时间的考验。

第四章 胸怀大志，但更要从细节入手

形象是易碎品，经过精心塑造和推出之后，领导者的形象还要不断维护和创新，因为稍一疏忽，就有可能自毁形象，而且人们往往把领导者在表现不当时的举动看作领导者的本来面目，而不会把领导者精心设计的形象当作真实、真正的领导者。所以，领导者要注意维护自己的形象，要像珍惜生命一样珍惜自己的形象，"时时勤拂拭，勿使着尘埃"。

同时，一个对自身形象要求严格的领导者，也能将这种意识用到下属身上。原通用电气CEO杰克·韦尔奇，他时常"清除园中的杂草"，而那些"杂草"是以其形象来判断的。他还定期查看职员的照片，看见那些"肩膀低垂、睡觉惺忪或者耷拉着脑袋的人"，他就毫不犹豫地把他指出来，说："这家伙看起来半死不活的！他能干好什么？为什么不把他调走？"他还以应聘者的外表来决定是否录用他们，"在市场营销方面，我会聘用那些外表英俊、谈吐流畅的应聘者"。

领导者注重自身形象的培养，也会起到"上行下效"的作用，而领导者对员工形象的严格要求也直接影响到公司的形象和利润，因此，保持优秀的公司形象与员工的高素质，是领导者努力达成的目标之一。

4. 谨慎，别让患得患失"断送"你的未来

> 战术是战略的缩影，二者的要素都是速度。　　　——唐师曾

唐师曾，北大知名学子，著名记者。

古往今来，但凡成大事者，他们勇敢、谨慎，他们深思熟虑，他们三思而后行，而且他们有一个特点，那就是从来不患得患失。就像蔡礼旭老师在北大《历久弥新的生活教育》系列讲座中说："一个人患得患失，是不会快乐的。

现在得忧郁症的人越来越多,自杀率也越来越高,因为人越来越空虚,找不到人生的方向,活得没意义,压力又很大,做了很多自己能力扛不住的事,太强求、太贪心。"

没错,一个成功者除了冷静的头脑,还有一颗平常心,不以物喜,不以己悲,得之淡然,失之坦然。而那些瞻前顾后患得患失的人,永远被焦虑与忧愁的小虫啃噬内心,迈不出步。但是机会稍纵即逝,犹如白驹过隙,他们这样遇事优柔寡断,其实是做大事之大忌。

世界赛车冠军阿隆索说:"患得患失是决战大忌。"阿隆索认为对于冠军的竞争者来说,害怕犯错成了比获胜压力更严重的问题。"比压力更严重的问题是担心失误或赛车出现问题,"阿隆索说道,"你要想稳定地赢得比赛,就得做到一切正确,你的驾驶不能出现失误,或者你在刹车的时候你的赛车不能出现任何不妥。要是总想着什么都可能出错,你为此考虑得太多,这样就会无时无刻地给你制造着压力。"

因为患得患失,所以给自己制造无形的压力,因为没有一颗平常心,所以觉得自己输不起。而这些消极的心态,往往让我们在比赛的时候发挥不正常。同样,对于领导者来说,这样的心态在决策与行动的时候,让我们倍感压力,结果也自然不尽如人意。

卡夫卡说:"做事要行动,而不是无谓的想法和不切实际的讨论。"有时候,过分谨慎并不比铤而走险来得安全,犹豫不决,错失了很多机会。我们说要三思而后行,这是为避免鲁莽和冲动,但是一味患得患失犹犹豫豫,只能是空手而归。

有一次,著名的日本松下电器公司的面试过程中,因为电脑出现了问题,让一个成绩优秀的人——福田三郎落选了。松下发现问题后,立即要求给福田三郎补发录用通知书。

第四章 胸怀大志，但更要从细节入手

然而，第二天，公司里出现了一个爆炸性新闻：面试者福田三郎因没有被录取而跳楼自杀了。松下的助手自言自语道："可惜，这么一位有才华的年轻人，我们没有录取到他。"

"不！"松下却摇摇头说，"幸亏公司没有录用他，如此患得患失的人是干不成大事的。"

是的，一个患得患失的人，心态严重失衡时做出如此令人咂舌的事情，可惜可叹可悲。这些举棋不定、犹豫不决的人常常对自己的决断产生怀疑，对自己的失败感到沮丧，这样常常怀疑自己能力，常常感到绝望，对于一个人的成功来说，实在是个致命伤。

俗话说，"机不可失，时不再来"，犹豫不决便失去了成功的机遇。因此，在生意场上，作为一个领导者，该出手时就要决不手软。

中华网曾经因为患得患失错失了更大发展的机会。

2000年，互联网泡沫破裂，无数互联网公司在这次"退潮"中被"洗刷"出市场，搜狐、网易、新浪三大门户网站都处于水深火热中。而当时坐拥大量现金的中华网也对三大门户网站十分感兴趣，并一度传出了中华网将把三大门户网站纳入囊中的消息。

但是，对互联网前景的患得患失，让中华网错失了这个机会。等中华网醒过来想要出手时，三大门户网站也已经缓过劲来，不再需要中华网锦上添花了。

后来，盛大总裁陈天桥一看到《传奇》后，决定经营这个游戏，和中华网联系后，中华网却又开始患得患失，认为运营网络游戏的收益低、风险高，所以始终不同意。

最后《传奇》的炙手可热，又一次让中华网吃了患得患失的亏。

患得患失，是成功的绊脚石。中国首富盛大网络公司的总裁陈天桥曾经说："机会就像一扇快速旋转着的旋转门，想要成功的人要看准机会快速地挤进去。"没错，很多人面临机会时，总是犹豫不决、斟酌得失，这样只会让机会从身旁悄悄溜走。因此，为能获得机会，就必须剔除患得患失这种消极的心态。

机遇对任何人都是公平的，作为一个想要成就大事的领导者，千万不要让患得患失断送了我们的未来，只有能够克服犹豫不决的习惯，一定会取得让人艳羡的成就。

5．落实工作中的每一件小事

> 最珍贵的是今天，最容易失去的也是今天。　　　——李大钊

李大钊，中国共产党的主要创始人之一，1917年11月受聘于北大。

有一天，苏格拉底对他的学生说："今天咱们只做一件事，每个人尽量把胳臂往前甩，然后再往后甩。"说着，他做了一遍示范。

"从今天开始，每天做300下，大家能做到吗？"学生们都笑了，这么简单的事，谁做不到？可是一年之后，苏格拉底再问的时候，全班却只有一个学生坚持下来。这个人就是后来的大哲学家柏拉图。

所有的成功者，他们与我们都做着同样简单的小事，唯一的区别就是，他们从不认为他们所做的事是简单的小事，并且将这份用心落实到了工作或生活中。

第四章　胸怀大志，但更要从细节入手

大家都说"战场之上无小事"。这是因为，很多时候，一件看起来微不足道的小事，或者一个毫不起眼的变化，却能改变一场战争的胜负。同样地，在一个企业里，工作也无小事，只有领导者狠抓落实，才能将企业带动得更好。

当年，海尔洗衣机海外产品经理崔淑立接手美国市场时，大家都说，拿下美国某客户非常难！因为前任经理在这位极其刁难的客户面前都束手无策。果然，崔淑立上任不久就看到了这位客户发来的要求设计洗衣机新外观的邮件。但是因为时差问题，此时正是美国的晚上，崔淑立为自己没及时回复邮件感到很后悔。

于是，从这天起，崔淑立决定以后晚上过了11点再下班，这就意味着可以在美国当地上午的时间里处理完客户的所有信息。三天过去，开发部很快完成了新外观洗衣机的设计图。就在决定把图样发给客户时，崔淑立认为还必须配上整机外观图，以免影响确认。晚上12点，崔淑立将一封详尽的邮件发了过去。大约凌晨1点，客户回复："这就是美国人喜欢的。"

样机生产推进过程中，崔淑立常常半夜醒来打开电脑看邮件，可以回复的就及时给客户答复。美国那边的客户完全被崔淑立的精神打动了，推进速度更快了，这位客户终于敲定了第一批订单。

其实，市场没变，客户没变，拿大订单的难度没变，变的只是一个有竞争力的人——崔淑立。也正是在这种"落实每件小事"的模式下，海尔员工的境界都达到了全新的高度，他们主动工作，一切为了满足用户需求。

要想比别人优秀，只有在每一件小事上下功夫。如同乔布斯一样，其曾经的合作伙伴斯卡利表示："乔布斯对产品的要求之一是，注重产品的每一个小的环节，这些细节包括产品设计、软件、硬件、系统运行、应用程序和外围产

品……对于产品营销、设计及其他事务,乔布斯都会参与其中。"乔布斯自己也说:"我不是生来就站在演讲台上的人,但我是生来就肯做小事的人。"

美国标准石油公司曾经有一位小职员叫阿基勃特。他在出差的时候,总是在自己签名的下方,写上"标准石油,每桶4美元"的字样,在书信及收据上也不例外,签了名,就一定写上那几个字。他因此被同事叫作"每桶4美元",而他的真名倒没有人叫了。

公司董事长洛克菲勒知道这件事后说:"竟有职员在如此细微的小事上下功夫,并努力宣扬公司的声誉,我要见见他。"于是邀请阿基勃特共进晚餐。

后来,洛克菲勒卸任,阿基勃特成了第二任董事长。

记者访问钢铁大王卡内基,想知道他何以取得这样的成就,他说:"一是自幼出生贫苦之家,小时候常吃饱了这一顿,不知道下一顿的食物在哪里,所以从小就力求上进与发奋,决心长大之后要击败穷困。二是凡事不论大小,都要认真地去做。只有将小事情认真地做好,以后才有人敢把大事情放心地交给我们。"

因此,我们应该时刻警醒自己:不要轻视身边的任何一件小事,即便是再简单不过的工作,也要把它做到完美至极。只有历练自己的心境,沉淀自己的情绪,学会从零做起,从小事做起,日后才能让自己成为一个堪当大任的人。

6. 精益求精，努力做到100%

> 大胆地假设，小心地求证，认真地做事，严肃地做人。——胡适

胡适，历任北大教授、北大文学院院长、北大校长。现代学者、史学家、文学家、思想家。

作为企业领导者，要深刻明白，当"精益求精"成为一种习惯，当责任感成了一种生活态度，我们才会与"优秀"和"成功"同行，只有把小事、简单的事、平凡的事做细、做好了，才能做成大事，才能创造自己人生的不平凡业绩。

著名物理学家、北大知名教授黄昆老先生，是出了名的爱较真。有时看似一件很小的事情，比如某个想法、观点，他都要跟人无休止地来回辩驳。黄昆的学生朱邦芬现在已是中科院院士，据他说，有时候他们讨论一个问题的思路，今天他赢了，但常常第二天又被黄老师找出什么漏洞给扳回去了。

当年从燕京大学毕业后的黄昆到西南联大任助教时，和小他几岁的杨振宁同住一屋。那时的黄昆和杨振宁都年少气盛，相互顶牛。有一次，为弄明白量子力学中"测量"的含义，他们从白天一直讨论到晚上，甚至上床后又爬起来，点亮蜡烛，翻看权威资料来解决争论。后来杨振宁感慨地说："正是这些争论，使我找到了科研的感觉。"

正是有着这样的"精益求精"的观念，黄昆老先生才取得举世瞩目的科研成果，同时赢得了各界人士的钦佩和尊重。

很多事情，一个人能做，另外一个人也能做，只是做出来的效果不一样，说到底只是一些细节上的功夫决定了完成的质量。对此，惠普创始人戴维·帕卡德曾感叹："小事成就大事，细节成就完美。"

有家公司为了开办一次秋季订货会，提前一年就在国内选好了城市市场作为试点，并且全程拍摄了VCD，对这次会议做了很多详细的研究。不仅如此，市场推广部还在这些工作的基础上，发动部门全体工作人员，精心制定了厚厚的一本《订货会操作流程手册》，将所有的战略和战术的细节进行量化。

订货会之前，公司负责人又亲自去了该城市进行观摩，与工作人员一起参与会场布置、会议安排、事先的预演等一系列琐碎工作。除此之外，负责人再次和经销商开了几次准备会议，对展会流程、人事安排、客户邀请，以及可能会出现的突发问题等都做了充分的预估和讨论。

终于到了开会的前一天，该公司负责人先是按照计划指挥着布置好了会场，接着详细地将所有人员的工作进行重新确认，又对物料和会议资料重新做了检查，最后，还将第二天的程序全部预演了一遍，以确保第二天的订货会万无一失。

果然，由于一切工作做得细、做得透，此次订货会进行得相当顺利，取得了极大的成功，使该公司营销业绩猛增。

这样一个订货会，其实并没有什么特别诱人的促销方案，也没有请大牌明星到会捧场，唯一可以圈点的，是他们对细节的关注和秉持。由此可见，把小事做细、把细节做透，是企业管理的基础要求，对企业有着积极的意义。如果每个领导者在公司发展过程中都秉承着"精益求精"的思想，那么他领导的企

第四章 胸怀大志，但更要从细节入手

业一定会很有执行力和竞争力。

对于一个企业来说，如果不能做到追求细节上的完美，也就不可能做成什么大业绩。海尔集团办公大楼的每一块玻璃都明亮清晰，这是因为员工每天都将玻璃一块一块擦拭。擦拭玻璃很简单，每天都这样来回地重复，如果做一天，对谁都非常容易，但如果是一年365天都这样，那就是件很不容易的事了。做好每一件小事，对每个人来说，是一种理念、一种素质的考验。

任何一家想在竞争中取胜的公司，都必须让公司在每个细节上做到精益求精、做到最好。因为没有精益求精、做到最好的流程，公司就难以生产出高质量的产品，也无法给顾客提供高质量的服务。

老托马斯·沃森在1914年创办IBM公司时，曾设立了一个准则——"不断追求完美的工作表现"。它不仅约束公司所有员工，也包括领导层的人，都要受其约束。因此，这个"行为准则"被人称为"沃森哲学"。

无论是产品质量，还是服务品质，IBM公司都希望所有的员工对任何事情都以追求最理想状态的观念去对待，并且要永远追求完美无缺。老托马斯·沃森经常告诫自己的员工："在工作中用追求完美来约束自己，就算没有做到，也会比按照一般标准做要好得多。"

后来，小托马斯·沃森对于IBM公司的这一行为准则也曾表示说："这个信念就如魔术一般有着神奇的力量，能够引起人们对尽善尽美的狂热追求。当然，一个时时处处都要求全责备的完美主义者，几乎不可能成为一个让人感到舒服的人。但是，追求完美的工作表现，一直是我们不断发展进步的一种驱动力。"

在这个精细化管理的时代，尽善尽美是很多企业追求的目标。从这个意义

上来讲,将细节做得越到位、越完美,企业就越容易脱颖而出。

但是,仍有很多企业不能把事情做得尽善尽美,只用"还行""挺好"等标准来衡量,结果,由于计划中的各项细节没有安排妥当,不是做到半途便停止下来,就是工作秩序陷入混乱。没多久,整个计划便像一栋不牢固的房屋一样轰然倒塌。这种敷衍了事的态度及粗陋的工作作风,终究使工作一事无成。

7. 关注细节,但不拘泥于细节

当失败降临的时候,也是我们最应该感到庆幸的时候,因为我们结束了一条不可能走到尽头的路,从而回到了正确的轨道上来。

——沈兼士

沈兼士,曾与其兄沈士远、沈尹默同在北大任教,有"北大三沈"之称,为中国新诗倡导者之一。

奥康集团董事长王振滔曾说:"我认为我国的鞋业发展很快,每年以66.7%的速度发展。但放在整个国际市场里它还是很小很小,所以它的扩展范围还是非常广的。所以,我想把这锅水烧开,烧到100℃。我的目标就是世界鞋王,烧到这个世界鞋王的时候才达到我的目标。我想每个人不可能做很多行业,隔行如隔山,还不如把自己的专业做强做大。"

毫无疑问,那些能把事业做强做大的企业家,都是注重细节的。但是仍有不容忽视的一点是要关注细节,但不能拘泥于细节,就如王振,他有大目标,不只盯着细节,并能坚持自己的主张,因而取得了超出一般人的成就。

对于某些领域,细节是需要关注的,但是不能陷入细节。换个说法,如果你一直纠结于细节上的问题,就很难突破自己、把握全局。毕竟人的时间是有

第四章 胸怀大志，但更要从细节入手

限的，能够把握整体，抓住重点，关注核心领域所处的细节才是王道。

20世纪80年代，美国人民捷运航空公司董事长伯尔逐渐发现一个问题：机票价格太贵，许多人承受不起。于是，他便简化购票、服务内容，所聘用的职工多半是兼职，付出的费用很低，这样机票的价格也相应地下降了三成。

出乎意料，这一计划的实施取得了空前的成功，随着客流量的猛增，公司的规模也不断地扩大，飞机由先前的3架增加到60架。

但是不久之后，伯尔却又担心自己平民化的飞机抵不过大亨的豪华座驾，因为在他看来，好质量才是硬道理，这是个不容忽视的细节问题，同时也是个大问题。于是，他不顾别人的反对，毅然决然投巨资改装飞机，最后不到两年就赔了100多亿美元，不得不宣告破产。

不少领导者都有这样一个通病：当公司情况不容乐观时，往往会做出一个看似不可思议的决定，但就是这个"死马当活马医"的做法最终能力挽狂澜；但当公司步入正轨或是如日中天时，却又在某个细节上过于较真，生怕出现一点小差池，而最后做出的自以为相当完美、有远见的决定，却出人意料地将公司送上了绝路。

对于每个领导者来说，方向重于细节，策略重于技巧。只盯住细节的人在工作中是没有方向感的，最多也只能做一个一般的领班，而不能成为一个优秀的领导，也无法攀上事业的高峰。因为，关注细节没错，但过于关注细节就难成大事了。

有一次著名的国际管理顾问斯蒂芬·柯维，应邀会见一位公司资产达60亿美元的董事长。当他们走出办公楼时，发现一名保洁员手里

北大领导课

拿着的耙子只有5根耙爪——本来应该有31根。该董事长将保洁员狠狠地训斥一通,并责令他立刻去换一个新耙子。

该董事长生气地跟柯维说:"好耙子仓库里多的是,可他竟然如此应付工作!我必须找到那个监工,狠狠地训他一顿!"

柯维问他:"你以为这样稳妥吗?在这件事里,谁该对这位保洁员和耙子的问题负责呢?"

该董事长想了想,说:"保洁员本人应该负责,毕竟他是唯一可以决定自己是否用了合适的耙子的人。但是,监工也难辞其咎。"

柯维点了点头,说:"是的,他要负责,但不在于为保洁员找个好耙子。在最合理的情况下,还有谁需要为找到好耙子来负责?"

该董事长思索片刻,说:"每个看到他的人都应该感到有责任去告诉他找只好的耙子。"

"那么你要扮演什么样的角色?"柯维继续问。

该董事长恍然大悟:"最根本的其实是我自己该负责,因为我没有找到问题的症结所在。我需要解决的真正问题点是自己缺乏责任感,但我却只看到了一些表象的细节,并陷入其中而不能自拔。"

作为领导者应当学会见微知著,不要被日常企业中的小事所蒙蔽,而是要善于发现隐藏在表面下的深层次问题。而且领导者不应该也没有精力去关注那些细节问题,不过领导者必须具备从细节中发现问题的能力。

很多时候,关注细节而不拘泥于细节,还可以让我们跳出特定的思维方式,看到新的机遇。

有一家新成立的胶卷公司,领导们对前期的工作人员选拔很费脑筋,因为在制造产品时,大部分工作都是在暗室里完成的。而视力正常的人一进入暗室，就两眼一黑，什么也看不见了，如何还能去完成一些有难度的工作？后来有位经理突发奇想："一般情况下，盲人比较习惯于在黑暗中生活，假如聘请一些盲人来做这种事情，也许可以提高工作效率。"

公司的领导层通过一番商议后，进行了尝试。果然，在暗室里工作，盲人做起事情来远比正常人要熟练得多。于是，公司老总下令：将暗室的工作人员全部换成盲人。

绝大多数的领导者都自认为对自己的组织非常了解，事实恰恰相反，正是由于思维惯性，领导者会对一些组织内的问题视而不见、习而不察。任何问题都有辩证性，领导者要具备真正的领导才能，就必须运用辩证思维，全面地认识问题，既能由小见大，也能由此及彼。

第五章

厚德载物，江山之固在德不在险

1. 无好德者莫为官

> 教之以公民道德。　　　　　　　　　　——蔡元培

蔡元培，革命家、教育家、政治家，1916—1927年任北大校长。他革新北大，开"学术"与"自由"之风。

古人云："做人可以一生不仕，为官不能一日无德。"官德大如天，一个有才无德的人给社会带来的危害，比一个有德无才的人要大得多，比如清乾隆时期的和珅。史载，和珅"满文、汉文、蒙古文、西番文，颇通大意""巨工中通晓西番字者，殊难其人，唯和珅承旨书谕，俱能办理秩如"。这样一个大能人，却因贪赃枉法，非但没有成为促进社会历史发展进程的杰出人物，反而成了一个臭名昭著的千古罪人。

为官之人，手中自是有权，但如果是没有分毫道德影响力，那么也是可悲。北大，一所积淀了百年人文素养的大学，其间的领导人物也是有着令人折服的德行。

第五章 厚德载物,江山之固在德不在险

蔡元培任北大校长的时候,有一位叫马兆北的学生,考取了向往已久的北大。报到那天,马兆北高高兴兴地迈入北大校门,抬头就看见一张公告:凡新生来校报到,一定要交一份由现在北京(北平)做官的人的签名盖章的保证书,才能予以注册。

马兆北的心情瞬间失望不已,一种被愚弄的感觉霎时涌上了心头。他怀着愤愤不平的心情,给蔡元培校长写了一封信。信中写道:"我不远千里而来,原是为了呼吸民主空气,养成独立自主的精神。不料还未入学,就强迫我到臭不可闻的官僚面前去磕头求情,未免令我大失所望。我坚决表示,如果一定要交保证书,我就退学。"信发出去以后,马兆北便开始收拾行装准备回老家。

没过几天,马兆北突然收到一封来信,居然是蔡元培校长的亲笔信!信中写道:"查德国各大学,本无保证书制度,但因本校是教授治校,要改变制度,必须由教授会议讨论通过。在未决定前,如先生认为我个人可以作保的话,就请到校长办公室找徐宝璜秘书长代为签字盖章。"字里行间无不表达了蔡元培对自己学生发自内心的诚恳之情。

马兆北看完信以后,激动得热泪盈眶,重新踏入北大校门。很久以后,他在一篇回忆录中写道:"这件事使我一辈子受到了深刻的影响。"

刘备曾说:"惟贤惟德,能服于人。"意思是只要做到贤德,就可以使天下人礼服于你,尊敬你。蔡元培用真诚的行动诠释了这一点,正因为他有着高尚的官德,才引领北大走向了一个全新的格局,以至如今人们提起北大,率先想到的依然是这位北大真正的首任领导人。

对于一位领导者来说,拥有一颗仁德之心,才能够得到更多人的拥护和爱戴。

如果一名领导者只有才华，人格中没有"仁"的存在，也就无法成就一番大事。尤其是遇到困境时，说不定还会有人落井下石，致使其落入孤立无援的境地。

三国时期，刘备一直都是仁德的代表。在曹操携五十万大军亲自征伐时，他在向襄阳撤退前，还贴出布告：凡是愿意随军撤退的百姓，就与军队一起向襄阳撤退。最后留给了曹操一座空城。就这样，刘备以一颗仁德之心，赢得了很多有学之士，跟随他一起打拼江山。

一个人的职位总是有限的，而非权力影响力却是持续的，领导者的职务和权力可以通过硬性方式取得，但威信却只能靠自己的努力建立。国外一位著名领导科学专家指出："99%的魅力（非权力影响力）与1%的法定权力，这是领导成功的定律。"

亚邦兽药公司的刘祥宜董事长对"人才"的理解是："作为人才，首先必须做好本职工作，而且在本职工作上有所创新和突破。德才兼备，那是最好；有德无才，可以经过培养成才；有才无德，那不能算是人才。"可见，品德与才能相比，品德才是人才的灵魂，一个具有高尚品德的人才能得到别人的信任，才能做成大事——而这也是一个成功的领导者所必备的素养。

曾国藩被称作曾圣人，可见其做人做事的成功，尤其是在为官做领导方面，他处理与下属间关系也可以说是尽善尽美。比如在九江口败于石达开之手，在破太平军之后被朝臣参奏之时，都有众多的部下对其不离不弃，甘愿和他一同赴难。对此，两江总督刘坤一就说："曾帅无论有无帅权都永远是我的曾帅，他指向哪里我就打向哪里！"

作为一个领导者，权力的作用可能有失灵的时候，但道德积累下的力量却是永远存在的，因此，一个成功的领导者一定不会忽视在组织内保持自己完美的道德形象。

第五章　厚德载物，江山之固在德不在险

2.推功揽过乃大智慧

> 我作为公司的CEO，在感到十分难过、痛心疾首的同时，也将承担起全部的责任，与大家一起努力，共渡难关。
> ——李彦宏

李彦宏，知名北大学子，百度公司创始人、董事长兼首席执行官。

古人有云："责人重而责己轻，弗与同谋共事；功归人而过归己，尽堪救患扶灾。"说的就是推功揽过的人生境界。不难想象，一个善于推功揽过的人，定是厚德载物、能屈能伸之人。一位善于推功揽过的领导者，也更能以其睿智和善德鼓舞士气、凝聚人心。

古往今来，无数的事例都证明，凡是推功揽过的领导者都能赢得民心，并能有效地激励下属，最后取得事业的成功；而那些推过揽功的领导者，则会大大削弱下属的斗志和积极性，致使人心涣散，甚至功败垂成。

赤壁之战中，曹军被孙刘联军打得大败。以残兵千人仓皇逃往南郑，处境非常狼狈。行至华容道时，天降大雨，惨境之下，曹操感慨万千，发表了一次演说："诸君皆有王佐之才，不幸跟随我曹操。我一招不慎，连累诸君也遭此大难，实在是过意不去。今日大败亏输，真是有负于诸君对我的期望啊，如承蒙不弃，我愿带诸君再战那孙贼，以江东四十君报答诸君对我的信任。"

据记载，当时人人悲痛落泪，即使有些怨气，也顿然消释了，大家同仇敌忾，军队凝聚力大为增强，终于杀出了重围。

能够推功揽过，扬人之长、责己之咎，正是曹操能够笼络人心，激励将士为他誓死效命的重要原因。与其形成鲜明对比的是则是另一位风云人物，袁绍。

袁绍长于富贵之家，四世三公，威望连同势力都非常强大，而他身边自然也是人才济济，谋士如云。但是袁绍本人却刚愎自用，好大喜功，总是喜欢揽功推过。官渡之战时，田丰苦苦劝他不要出兵，袁绍不仅不听，反而将田丰囚禁下狱。吃了败仗后，众人都以为田丰该当重用了，没想到袁绍却不敢正视自己的错误，认为自己羞见此人，竟将田丰赐死。袁绍的这一举动也彻底寒了所有将士的心，致使他最后众叛亲离，终于被曹操所灭。

每个人都喜欢被奖励，不喜欢被责罚。在一个企业内，功必赏，过必罚是保证公平的基本要素。面对这样的情况，相信没有一人希望自己犯错。但犯错总是难免的，在错误发生时，作为一个成熟的管理者，能够主动承担责任，做到推功揽过，则是管理者气度最好的体现。

从表面上看，推功揽过似乎是有所"损失"，实则却有着非同一般的收益：有助于与下属形成相互信任、相互支持、相互谅解的心理环境；形成相互激励、相互推动的向上力量；给下属以信心和鼓励，使下属放下包袱，与领导者同甘共苦，进退一致。

某地产集团运营经理，与下属群策群力，历经半年，终于圆满地完成了一个项目。上级过来检查工作时，该经理夸夸其谈，将功劳全安在自己头上，好像全靠他才完成了如此壮举。上级大喜之余，当然在公开场合将他好一顿表扬，并许诺给他各种奖励。

但下属却不乐意了，对这种阴险的自私鬼非常失望，从此跟他离心离德，不管做什么都不再配合他，还有许多人给上级写检举信，揭发他的错误，暗地发誓，不打倒他决不罢休。这让该经理陷入了极度恐慌之中。

每个上司都喜欢给自己"补台"的下属，同样地，每个下属也都喜欢给自己"搭台"的上司。作为领导者，如何对待功过是非，既是对其政治品质的检验，也是对其思想境界的考验。如果不能正确看待，有了成绩大包大揽，出了问题东躲西藏，甚至推诿塞责，必然被下属所不齿，令下属寒心。

人们说，成功者最大的成功就是他们懂得"舍得"的道理。一个出色的领导者一定是一个具有"舍得"智慧的人，他们知道什么事情要舍、什么事情要得，这一点充分表现在他们推功揽过的手法上。

推功就是舍，舍弃功劳、荣誉，并且要求揽过者要承担相应的责任。这个责任会直接让人失去颜面下不来台，还可能会导致一定的经济损失。但是，作为领导者，这种舍弃往往会给我们带来更大的回报。

当然，推功揽过也不是一味地迁就纵容，应是在坚持原则、遵章守纪的前提下，本着有利于团结、有利于调动下属积极性和创造性的原则，尊重下属的劳动付出，为他们干事创业提供优良的环境，激发他们更大的工作动力。

总之，推功揽过是一种为人处世的大智慧，也是领导艺术的一项重要法则。持之以恒地发扬好这种品质与美德，有利于团队共同进步、事业日益昌盛，领导者不可不悉心学习实践。

3. 得饶人处且饶人

> 打人者和被打者，同是被害者，只是所处的地位不同而已。就是由于这些想法，我才没有进行报复。
> ——季羡林

季羡林，著名文学家，曾任北大教授、北大副校长。

北大的魅力不一而足，其中最重要的一条就是宽容。"兼容并包"体现了更彻底的宽容和开放精神，它使北大得以网罗各方面的第一流人才，更使北大得以培养出一批批在各方面产生重大影响的特色人才。

从北大走出来的领导者的宽容有目共睹，事实上，无论作为一个企业或是组织的领导者，都需要有这种"得饶人处且饶人"的胸襟。这不仅仅是为了展现自我的伟大气魄，更重要的是能够获得他人的认可。

在蒙牛乳业集团的成长过程中，它曾遭遇过一次非常严重的打击。对方是一家公关公司，为了诋毁蒙牛乳业集团，不惜制造出各种不良传言，给蒙牛乳业集团造成了相当大的伤害。

当时，蒙牛乳业集团正在筹备上市的事情，此次事件不仅影响了国内，就连国外媒体也纷纷向蒙牛乳业集团发起质问。一时间，蒙牛乳业集团的声誉在人们心里大打折扣。为了将蒙牛乳业集团推向世界，蒙牛人决定要将事实真相查个水落石出，还蒙牛乳业集团一个清白。于是，他们向公安机关寻求帮助。

不久，案件被成功侦破，该公关公司负责人被刑事拘留。公安机关对这一案件作出三点裁决：一、公开道歉；二、赔偿损失6000万元；三、保证今后不再发生类似事件。

在征求蒙牛乳业集团意见时，牛根生却说："公开道歉就算了，人人都有面子，我们蒙牛乳业集团这个大牌子更需要面子，一荣俱荣，一损俱损，所以，这一项就免了吧。第二项，6000万元对蒙牛乳业集团来说有没有都无所谓，也算了吧，就当我们给这家公司上了一课！再说，只要做好自己的事，价值何止这6000万元，而是6个亿甚至是60个亿。虽然前两项都可以算了，但是这第三项，该公关公司必须做出下不为例，永不再犯的承诺。"

查出真相对蒙牛乳业集团来说是一件值得庆祝的事，惩处造谣人也是理所应当的。可是蒙牛乳业集团从保护中国乳业大产业、保护西部奶农利益的角度出发，放弃了对这家居心不良的公司的诉讼权。蒙牛乳业集团这一大度的行为获得了所有人的称赞。

著名领导力训练专家谭小芳表示，作为一名领导者，就要有领导者的风范、领导者的修养。

无论是在用人还是做事方面，领导者都应将眼光放在主要问题上，而不能因为一点小事就妨碍了事业的发展。须知瑕不掩瑜，不能因为芝麻大点的斑痕就扔掉整块和氏璧，因为，用人用的是他的才能，而不是过失。

张子良是某著名民营企业的老板，他高薪聘请了一个人在公司里引起轩然大波。原来，他新聘请的副总经理曾是公司的竞争对手。在两者的竞争中，对方不仅总能占得先机，还几次设下商业陷阱，差点置张子良的企业于死地。

对此，张子良的所有员工都对他恨之入骨，这一回却不但要与他共事还得受他领导，自然个个都没有好脸色。

但张子良却说:"虽然他(新副总)曾经令我们几度犯险,但那时各为其主,他只是做了他分内的事。再说,他能够让我们陷入困境,不也正好说明了他有本事吗?无论他以前做过什么,现在他已经是我们的同事了,只要他能够发挥出在原来企业的作用,那么对我们来说就将绝对是一件受益匪浅的事。既然如此,我们又何必追究大家以前的过节儿呢?"

张子良的话让大家哑口无言,心服口服,纷纷放下心中芥蒂,走回了工作岗位。事后,也正如张子良所说的那样,在这位副总的带领下,公司各项数值都节节攀升,几年内就在国内成功占据了一席之地。

IBM的前总裁安迪·格鲁夫以"宽容"出名,只要下属在人品和工作能力上没问题,其他的小瑕疵从来都不在被评价的范围之内。而对在工作上抵触他的那些员工,格鲁夫更是大度,不但不生气还非常乐于和他们讨论。可以说也正是有了格鲁夫这样大度宽容的领导者,IBM公司才可以在竞争激烈的市场上攀上一个又一个的高峰,总是立于不败之地。

作为一个领导者要有领导者的胸襟和度量,要胸怀宽广地面对下属的错误,在面对一些批评和矛盾时,即使是下属的错,你也不能太过斤斤计较。对待一些曾经冒犯过你的人,就更不要打击报复、给对方穿小鞋,要能够容人之过、谅人之短,识大体、顾大局。

新东方有位教语法的老师,经常在课上发泄对校长俞敏洪的不满,言辞激烈如骂人。久而久之,连学生们都很有意见,俞敏洪却一笑了之:"谁让他讲课讲得好呢。"可以类比的还有美国华裔总裁王嘉廉,对于与副总裁发生冲突以致打断副总裁鼻梁骨的员工,不但没有处分,反而提拔了他。当别人提出疑问时,王嘉廉说:"谁让他能干呢。"

能否包容他人,是判断一个人是否具有领导气质的重要尺度。作为一个管理者，不要吝惜自己的宽容，不要以为只有针尖对麦芒才叫强势、才有气势，气势宽容的胸怀才是最大的领导气势所在。

4. 正直的你可以笑傲江湖

> 人走路要昂着头，我一生都是昂着头的。　　　　——林庚

林庚，著名诗人、文学史家、教育家，曾任北大中文系教授。

名人辈出的北大，那些正直的文人学者，给我们留下了一笔价值连城的精神财富。

行事光明磊落，为人刚正无私，不论在什么时候，这样的人总是为人所钦佩、敬仰的。

一次，鲁哀公在与孔子探讨如何管理国家时，问孔子："怎样才能使百姓服从呢？"孔子回答说："把正直无私的人提拔起来，把邪恶不正的人置于一旁，老百姓就会服从了；把邪恶不正的人提拔起来，把正直无私的人置于一旁，老百姓就不会服从统治了。"对于那些"手握兵权"的领导者来说，正直的形象是带好自己的下属，组建无坚不摧的团队的必要条件。因为，没有人愿意跟随一个假公济私、背后搞小动作的领导者。

闻名于世的金融大鳄索罗斯，是令每个国家财政官员都闻之色变的人——他就是一手缔造了很多地区的金融风暴的那个人。然而，虽然其行为颇具争议，但索罗斯本质上却是一个光明磊落的人，要不然他也不可能在极短的时间内在全世界募集到巨大数额的资金，这些人之所以掏钱给他，就是看中了他的正直品质。

有一次，垃圾债券大王麦克·米尔被起诉后，垃圾债券业务出现真空。索罗斯很想进入这一黄金领域，为此他约谈了好多位曾在米尔手下做过事的人，想请他们做合伙人。但是，当索罗斯与这些人接触之后，他却发现这些人中大多数有着这样那样的忽视道德的态度。最后，索罗斯选择了放弃这些人，因为他觉得团队中有这样忽视道德的人参与会让自己很不舒服，尽管他们积极进取又聪明能干，也很有投资天分。

索罗斯的团队里曾经有一个人私自在一处债券上投资了1000万美元，结果投资虽然盈利，但在索罗斯看来，这个人对自己的行动不负责任，他后来还是解雇了这个人品欠佳的合伙人。他认为，偷偷摸摸做事是很不好的习惯，虽然这个合伙人没有给团队造成损失，但在团队中树立了坏的榜样，因此这匹害群之马是必须清除的。

索罗斯认为，如果一个人做不到行事光明磊落，那么即使这个人拿来世界上所有的担保品来作担保，也不要借钱给他。索罗斯之所以如此看重合伙人的人品，是因为他认为，金融投资需要冒很大的风险，而不道德的人不愿意承担风险。这样的人不适宜从事负责、进取、高风险的投资事业。他说："冒险是很辛苦的事，不是你自己不愿意承担风险，就是你设法把风险转嫁到别人身上，任何从事冒险业务却不能面对后果的人，都不是好手。"

作为一个成功的领导者，就应该有领导者的气概。事无不可让人知，行事光明磊落的领导者，对于品质良好的下属是一个榜样，对于品行不端的下属是一个震慑，只有如此，才能够让下属从心底里佩服自己，跟随自己。

5.宽容让路越走越宽

（一）对于学说，仿世界各大学通例，循"思想自由"原则，取兼容并包主义……无论有何种学派，苟其言之成理，持之有故，尚不达自然淘汰之运命者，虽彼此相反，而悉听其自由发展……（二）对于教员，以学诣为主，以无背于第一种之主张为界限。其在校外之言动悉听自由，本校从不过问，亦不能代负责任。　　——蔡元培

蔡元培，革命家、教育家、政治家，1916—1927年任北大校长。他革新北大，开"学术"与"自由"之风。

北大的宽容，历经百年沧桑，给每个人留下的都是一种精神上的震撼。人之于生活，尤其是作为一个领导者，又何尝不需以一颗包容的心来对待他人？

春秋时，秦穆公的一匹好马被岐下300多个乡下人偷偷宰杀吃了。当地的官吏唯恐君主怪罪，便捉到他们，打算严加惩处。秦穆公知道了，说："我不能因为一条牲畜就要了300多条人命，这太不人道了。另外，听说吃了良马肉，如果不喝酒就对身体有害。那么，就赏他们酒喝，然后全放了吧。"

后来，秦国和晋国在韩原交战。秦穆公的战车陷入重围，形势十分严峻。正当他心灰意冷之时，忽然看见一群人高举着武器杀气腾腾地冲过来，将他营救出危难之间。

原来，这些人就是那些宰杀了秦穆公的马，非但没受到责罚还得到赏赐的300多人。

在这300多人的拼死相助下,晋军的包围被冲散,秦穆公因此而脱险。

正是秦穆公曾经的一时宽容换来了自己的性命。容忍他人的小过失,会让自己获得更多的报答。

读过《三国演义》的读者应该都记得这样一个章节——张翼德义释严颜:严颜本是巴蜀守将,与张飞是对手,几番陷张飞于绝境,然而张飞在擒拿严颜之后非但没有将其斩首,而是释放了。张飞的行为感动了严颜,严颜归顺了蜀军,并帮张飞扫平了入川的道路。

在现实中,我们每个人都不免遇到张飞的处境,然而又有几个人能像张飞一样宽容以待,以德报怨呢?对于领导者来说,是应该有这种以德报怨的胸襟的。当别人伤害你的时候,你不但原谅了他而且还报之以德,那么相信任谁都会被你所感动,进而愿意为你肝脑涂地。

作为领导者,想积蓄自己的群众基础,树立自己的领导权威,没有什么能够比得上用感情的纽带将跟随者维系在一起的举动。因此,领导者要时时刻刻提醒自己,在不违背原则的基础上,尽量不要与他人计较,要学会以德报怨。

理查德·尼克松在接替林登·约翰逊成为美国第三十七任总统之后,当时的白宫工作人员对这位加油站老板的儿子都非常不屑,时任国务卿的基辛格就曾讥讽尼克松,说他根本没能力治理好美国。不仅如此,在尼克松竞选总统前,基辛格还曾一度站在尼克松的对手那边,发表大量"轰炸"尼克松的言论。

但是,这些行为并没有影响到尼克松对基辛格的重用。

尼克松发现基辛格是一个人才,尤其在对亚洲的事务方面,有着自己独到的见解。于是,尼克松力排众议,聘任基辛格为自己国家的安全助理。

尼克松宽容豁达的态度，令基辛格非常感动。于是他抛弃了自己对尼克松的成见，倾其全力帮助尼克松处理好国家安全事务。

后来，基辛格还以其渊博的知识、独到的见解、过人的胆识纵横国际政坛，成为驰名国际的外交家。尼克松以其宽宏大量的胸襟，不仅成就了自己的伟大的事业，也为世人留下了总统气度的风范。

尼克松本可以不留用基辛格，或者就算用也只是象征性地给他个虚职，用来给自己的大度做做广告。但他并没有那样做，他以宽大的胸襟包容了基辛格，真正体现了一个领导人的大度，反而取得更好的效果。

海纳百川，有容乃大。只有杰出的人才能自我检讨、勇于负责，才懂得去宽恕他人。俗话说，一个人的胸襟有多大，他的成就就会有多大。那么对一个处于高位的领导者来说，想要坐稳自己的位置以至于"步步登高"，就必须有包容他人的胸襟，尤其是在面对自己下属的时候。因为你的宽容之举，就是在为自己日后的成就铺路。

6.让道德修养日有所进

> 我对学生发火的次数不多，但也有几次。这说明我的修养还不够，还得加深修炼。
> ——张岱华

张岱年，曾任北大哲学系教授。

从北大这座本身就有着深厚文化积淀的学府走出来的教授或学者，都有着相当高的道德修为，让后人由衷折服。

一个人的德行与涵养,是他获得社会认同感的必要手段,高素质人才向来都是人们敬重的对象。而对于领导者来说,这项素养对于企业的管理与领导更是起着莫大的作用。

牛根生41岁时开始创办蒙牛乳业集团,用6年的时间位居全球第一,创造了一个企业成长的奇迹。提及此,牛根生充满感激地说:"很多员工愿意死心塌地地跟着我,因为他们觉得我不自私,能让大家都赚到钱。"

他说,时至今日,自己已经深信"财聚人散,财散人聚"的理念,所以,他很乐意把利益分给员工和下属。比如,他的住房和办公室都不如副手的大,汽车也不如副手的贵,工资更不如副手的高。"小胜靠智,大胜靠德",高尚的道德作风,让牛根生在企业拥有很高的威望——"工作特别好开展"。

蒙牛乳业集团在牛根生的领导下经历了"从无到有"的艰苦创业期。然而在蒙牛乳业集团成功上市后,牛根生又把自己价值数亿元的股份悉数捐出,成立了"老牛基金会",转眼间又完成了"从有到无"的回归。这一举动更是彻底震撼了蒙牛乳业集团,上至集团高管,下至普通员工,无不被老牛感动着、激励着。一位员工在博客中这样写道:"蒙牛更团结了,人心更齐了。大家都说,跟着老牛走,肯定吃不了亏。"

美国IBM公司的小托马斯·沃森在《一个公司和它的信念》中写道:"一个伟大的团体或组织能够得以长久地生存下来,最主要的条件并非仅仅是结构形式或管理技能,而是我们的精神力量——这是一种强大的信念,以及它对于组织的全体成员所具有的感召力。"这种信念,与我们常说的道德观和价值观

第五章 厚德载物，江山之固在德不在险

密不可分。

当前，国外越来越多的企业开始注重自身道德建设。例如，英国的《金融时报》股票交易所国际公司，就推出了8种名为"FTSE4GOOD"的"道德指数"。该公司行政总裁对此做了详细的说明："我们推出该指数的原因，是由于投资方在选择投资对象时，越来越多地希望挑选那些有社会责任感的公司。"可见，只有那些在社会责任方面起表率作用的公司，才能有幸被纳入这一指数。公司的道德，正是来自公司领导者的道德。

所有领导者都必须注重自己的道德修养。当我们对一个领导者的评判标准过多地依赖于他的工作成就，而忽略了他的道德品质时，这也是评判的极大失误。

《红楼梦》中，荣国府当家人凤姐雷厉风行，八面玲珑，在对贾府的管理上充分展示了红袖巾帼的魄力、才学、精明和干练。

不可否认的是，她的领导手段确有可取之处，从某些方面给贾府带来了积极的影响。可惜她有理家之才，而无理家之德。她曾为水月庵老尼姑所托的一场官司，串通官府，弄得张、李两家人财皆空，自己"坐享了三千两"；她还利用职权高利盘剥，索贿受贿，中饱私囊，去放高利贷，"一年不到，上千的银子"。

在贾府，她是个令上级爱、让下级恨的领导者，把大大小小的统治者及下人玩弄于股掌之中。当"贾氏大厦"将倾之时，这个精明的管家，也等到了她心劳力拙、众叛亲离的末日。正所谓"机关算尽太聪明，反误了卿卿性命"。

俗话说：火车跑得快，全凭车头带；车头歪处带，火车死得快。领导者的道德，对一个组织的重要性不言而喻。有德才有得，有诚才有成。一个道德低

下的领导者，纵使他有通天之才，但最终带给组织的，也只能是灰烬和深渊。

2004年4月5日，原包头市"小肥羊"连锁集团负责人姜英武被绑架，后遭杀害。姜英武是包头市著名的企业家，但是在他发迹以后，每日嗜赌成性，结交了许多品德败坏的赌友，最终，被其赌友所骗，丢掉了性命。如果他重视自身的道德建设，注意陶冶道德情操，没有不良的嗜好，或许就不会有这样的悲剧发生了。

"己欲立而立人，己欲达而达人。"可见，管理者要成就大事，必须先要通过长期的实践，提高其道德修养的境界。

第六章

坦然淡定，泰山崩于前而色不变

1. 处变不惊，每临大事有静气

并非每一个灾难都是祸事，早临的逆境常是幸福。经过克服的困难不但给了我们教训，并且对我们未来的奋斗有所激励。 ——李大钊

李大钊，中国共产党的主要创始人之一，1917年11月受聘于北大。

"每临大事有静气。"这是晚清两代帝师翁同龢教导弟子时所说的话。他认为：自古以来贤圣之人，越是遇到惊天动地的大事、险事，越能心静如水，处变不惊。

著名国学大师，曾任北大副校长的季羡林老先生说："多少年以来，我的座右铭一直是：纵浪大化中，不喜亦不惧。应尽便须尽，无复独多虑。到了现在，自己已经九十多岁了。离人生的尽头，不会太远了。我在这时候，根据座右铭的精神，处之泰然，随遇而安。我认为，这是唯一正确的态度。"

淡定，是一个人历经岁月无数风浪之后，面对世间百态豁然开朗的一种人

生态度，古往今来，凡成大事者必有静气。

三国时期，马谡带兵不利而失掉街亭，使得蜀国几十万大军陷入断粮断水的境况，而此时，司马懿大军压境，形势十分严峻。诸葛亮亲自前往西城运粮，司马懿亲率15万大军向诸葛亮所在的西城蜂拥而来。当时，诸葛亮身边没有大将，只有一班文官。

众人听说司马懿挥军而至，即将兵临城下，纷纷惊慌失措。诸葛亮却异常冷静。他先是传令把所有的旌旗都藏起来，士兵原地不动，如果有私自外出及大声喧哗者，立即斩首。又叫士兵把四个城门打开，每个城门之上派20名士兵扮成百姓模样，洒水扫街。而他自己则登上城楼，带上一张琴，悠闲自在地弹起琴来。

司马懿的先头部队看到这个情况后，不敢擅自进城，回禀司马懿。司马懿亲自前去观看，果真如此。司马懿知道诸葛亮一向谨慎，用兵从不行险，因此，料定诸葛亮一定在城里布置了伏兵。司马懿权衡再三，终是下令撤退大军。而诸葛亮立刻趁机离开了西城。

这便是历史上有名的"空城计"，不费一兵一卒，就成功击退敌军，可谓是"处变不惊"的典型。

古人对"静气"的理解是"泰山崩于前而色不变，麋鹿兴于左而目不瞬"。用今天的话通俗来讲，就是"能沉得住气"。

危机的降临总是难以预测的，但越是在这种极易扰乱人心的时候，我们越要保持冷静，否则危机就会乘虚而入。历史上著名的淝水之战，东晋不足十万的兵力要抵御前秦百万虎狼之师，形势不可谓不凶险。但是，主帅谢安此时却在后方指挥所里不慌不忙地下着围棋。等到前线军报传来，他只随意地看了一眼，然后又继续下棋。旁边的人实在忍不住了，上前询问前方战况。此时，谢

第六章 坦然淡定,泰山崩于前而色不变

安才轻描淡写地说道:"小儿辈已破敌。"

有句话叫"心有惊雷而面如平湖",说的正是这"处变不惊"的领导才能。事情越难越复杂,越能考验领导者冷静应对的能力。正所谓"沧海横流,方显英雄本色"。心理素质过硬的领导者,往往能处变不惊、沉着应对;心理素质不好的人,则可能面容失色、方寸大乱。

在安利,员工们都喜欢亲切地称郑李锦芬为"郑太"。这不仅是出于对这位永远那么优雅端庄的女老板的由衷敬慕,更有对她"处事不乱,处变不惊"气度的深深折服。

在安利深圳分公司举行的12周年庆典上,美国安利公司执行副总裁、安利大中华及东南亚地区行政总裁、安利(中国)日用品有限公司董事长郑李锦芬亲临深圳,分享深圳公司12年来的成果。在台上,这位引领安利(中国)前行的"舵手"人物,没有那种寻常女性管理者因掌控一方而显露出的"咄咄逼人"的气势,郑李锦芬给人的感觉是那样地气定神闲。

"我挺自豪的一点就是自己临危不乱的能力",郑李锦芬谈到自己职业生涯中印象最深刻的事,便是国内颁布传销禁令。"可以说是安利进入中国市场后面临的一次生死考验,我给自己定下的原则是'不慌、不乱、不离、不弃'。"正是因为有着临危不惧、迎难而上的胆识与手段,才使得安利渡过难关,并且迈上了一个新的台阶。

"危机"之所以称为危机,是因为它会对我们正在进行的事情产生负面的影响,我们要做的就是尽量降低这种负面影响。对于企业掌舵人来说,在危机和变化来临的关键时刻,为企业定一个基调是非常重要的步骤。

汇丰银行行政总裁王冬胜相信"处变不惊"是领导者最重要的素质,高管

的惊慌会传递给部下，只会令问题更加严重。他说："人在不同的岁数有不同的心态，但是作为一个领导者，有一点是很重要的，大事发生的时候一定要镇定自若，心态要比较放松(Relax)。"

总之，领导者是一个组织的主心骨，他的言行举止深刻地影响着组织成员的精神状态和整体状况，尤其是碰到危机和突发事故。所以，当危机降临的时候，领导者要处变不惊，冷静分析，从容应对，指挥若定，这样方可化险为夷。否则不待危机发生作用，就已经是一败涂地了。

2. 在特定的场合要保持必要的深沉

> 人最重要的特质之一就是举重若轻，面对任何危机或竞争，哪怕是失败和死亡，都要做到举重若轻。
> ——俞敏洪

俞敏洪，毕业于北大，新东方集团创始人。

一般人若是被评价为"性情中人"，或许会因此而沾沾自喜；但领导者若被认为是性情中人，就应该检讨自己的言行了。作为一名领导者，思想感情不能轻易外露，有必要保持一定程度的深沉。这对维护领导尊严，有效地统御下属，有着只可意会不可言传的功效。

一个领导者，一旦在群众中形成了影响力，就自然会在群众中产生感召力、凝聚力。这就需要我们在某些特定的场合之下学会用"深沉"这一武器来立威造势。

井植薰曾是松下电器公司的一位重量级领导者。有一年，松下公司有一个真空工业所连年亏损累累。井植薰数次力谏松下关闭这家厂子，以免亏损更加严重。松下非但没有同意，反而还任命井植薰为这个工业所的厂长。

没办法，井植薰只好暂且上任。当工人们知道井植薰曾劝说老板关厂的事情后，都举着小旗子，不断地在他办公室门口喊着口号："关闭工厂的人滚回去！"

面对这种情况，井植薰没有妥协。他站出来，明确表示，不仅工厂要关闭，整个松下公司也要裁减200名工人——这个时候裁员，无疑会激起工人更大的愤怒。

但井植薰心意已决。他将工人们召集起来，提出用抓阄这种古老的方法来决定人员去留。他说："我祝大家幸运。我自己也参加抓阄，同大家一起接受'纸神'的判决。"

这是一场赌博，但当井植薰用颤抖的双手打开一个纸团，看见上面写着"留任"二字之后，他知道自己赢了。不仅赢得了留任的机会，还有威信。

最后，井植薰同工会一起妥善安排了那200名不幸抓到"离任"的工人，大家心服口服。从此，井植薰在整个松下树立起了不可动摇的威信。在他的领导下，几个月后，松下电器公司便扭亏为盈，成为盈利大户。

不管遇到什么样棘手的情况，只有在关键时刻保持冷静的管理者，才能够给员工留下沉着、有魄力、处变不惊的印象，从而赢得员工的拥戴。相反，如果管理者遇事不能克制自己的情绪，喜怒太形于色，就会在员工心中形成不良印象。"骤然临之而不惊，无故加之而不怒"，是领导者必备的修养。用隐忍代替怨气，以理性克制想当然，才是一个领导者应该具备的品质。

有些领导者认为，越平易近人，越和员工打成一片，就越能赢得员工的尊敬。结果却恰恰相反，无论是在企业还是在机关，一个团队内最重要的就是公平。一个领导者如果拥有让每个人都如沐春风的气场当然最好，但如果本身没有而妄图以沟通感情来做到，那就很容易在下属中间造成一个亲疏远近的差别。

孔子曾说"临之一庄，则敬"，意思是说领导者不要和员工过分亲密，要保持一定距离，给员工一个庄重的面孔，这样才可以获得他们的尊敬。有句古话叫作"不患寡而患不均"。只要领导者能够做到绝对的公平公正，那么在员工面前树立起来的领导威信，一样很有魅力。

那么，一个领导者要如何保持自己在员工面前的深沉感呢？

（1）跟员工在一起时，要适当表现自己的地位

在办公室里与员工相处，别人应该一眼就能瞧出，谁是员工，谁是领导。如果你不能表现出这一点，给人的印象就可能正好相反，那么，你这个领导者就是失败的。

与员工保持一定的距离，即使是活泼、轻佻的职员也不至于会随意拍你的肩膀，或者跟你肆意开玩笑。他在你面前会表现得小心谨慎，会看你的脸色行事。

（2）领导者要注意自己的讲话方式

在办公室里跟员工讲话，一般要亲切自然，避免员工过于紧张，以便更好地让对方领会自己的意思。但是在公开场合讲话，譬如面对许多员工演讲，做报告，要威严有力，有震慑力。但不管在哪种情况下，领导者讲话都要一是一，二是二，坚决果断，切忌含糊不清。

另外，和职员交谈，即使职员一方处于主动，领导者听取对方谈话，也切忌唯唯诺诺，被对方左右。如果对方意见与自己意见相左，可以明确给予否定，如果意识到员工意见的确是对公司对自己有利的，也不要急于表态。

（3）多思考少说话

如果一个领导者常以"让我仔细考虑一下"或"容我们研究、商量一下"

来结束与员工之间的谈话,就会让员工产生一种成就感,同时这也在无形中增加了管理者的权威,总比草率决定为好。

(4)其他需要注意的细节

行为是无声的语言,每一个细节,都是向员工传达自身的一份信息。比如,你是将办公室的门敞开还是紧闭,你如何与员工打招呼,你如何接听电话、回复来信等,每一个细节都会印入员工的脑海中,员工们会根据每一个较小的事情来判断你。

领导者的"深沉"不是一时装出来的,而是在平时为人处世中逐渐积累起来的一种外在的气质与涵养。由此,领导者在日常生活中就要适时注意自己的言行举止,以便在某些场合中轻松表现出"深沉"姿态。

3.在被中伤时保持冷静

> 我一生写作自以为是比较随意的顺性的,秉笔直书,怎样写就怎样写,写成了也不太计较个人得失和别人的毁誉。 ——费孝通

费孝通,著名社会学家,曾任北大教授。

所谓"人红是非多",当一个人逐步走到公众视野中,也便成了他人议论的焦点,若能在各种不怀好意的恶意中伤、蓄意诽谤面前保持着冷静的态度,不失为一种大家之风。

《原毁》里有句话叫"事修而谤兴,德至而毁来",越是处在高位的人,越容易受到谣言的困扰,比如领导者。成熟的领导者一般对此不会有过激的行为出现,他们大多采取一种清者自清的态度,让事实去说明一切。

1937年"七七"事变爆发,北平、天津等各大学受战事影响不能开学上课。当时北京大学、清华大学和南开大学三校校长就决定在西部设立临时大学,这就是著名的西南联合大学。

西南联合大学成立之初,南开大学校长张伯苓对北大校长蒋梦麟说:"今后,你就作为我的代表吧。"蒋梦麟则对清华大学校长梅贻琦说:"联大校务还请月涵先生多负责。"就这样,联大最后的管理与领导责任落在了梅先生肩上。

当时,三所名校学科设置纷繁复杂,人员众多,刚一合并所带来的各种问题层出不穷。再加上由于战事,学校经费一减再减,这让很多问题处理起来都非常棘手,但梅先生仍旧尽职尽责、加班加点地完成各项事宜。

即便是这样,也阻挡不了有中伤性质的言论出现。这些议论多是关于梅先生在经费上偏袒清华,对待三校师生并非一视同仁等。面对着捕风捉影的传言,梅先生身边的人都为他打抱不平,然而先生却能泰然处之,像没事发生一样,不为其扰乱心神,仍旧把全部精力用在处理校务和教学方面。

越成功的人,比如那些身居高位的领导者,受到社会各界的批评、讽刺甚至诽谤就会越多——这已成为整个社会的共识,正所谓"人怕出名猪怕壮"。

通常来说,中伤言论杀伤力的大小,完全取决于一个人的修养和气度。对于一个修养好气度大的领导者来说,即使无数次听到关于自己的不良言论,也绝对不会为之动怒。因为他知道他无法左右别人说话的权利,事实与真理,也会随着时间的推移有一个公平的解释。

有人采访美国国际公司总裁马休·布鲁斯,问他对别人的批评或恶意诽谤是否敏感。他说:"没错,我年轻时确实对别人的批评非常敏感……但是我告

第六章 坦然淡定，泰山崩于前而色不变

诉自己：'如果你身居领导地位，就注定了要被批评，想办法习惯它吧！'这对我很有帮助，从那以后，我只管尽力而为，然后撑起一把伞，让批评之雨顺伞滑落，而不再让它滴到脖子里，让自己难过。"

正是因为布鲁斯的这把"伞"为他遮挡了许多"批评之雨"，才得以让他有了这样庞大的事业。是非天天有，不听自然无。不把他人的批评放在心上，自然也就没那么多烦心事儿，才能将心思与精力更多地投入自己要做的事情上。

> 吕蒙正是北宋名相，他刚任谏议大夫、参知政事（副宰相）时，有一次朝廷里一个官员在背后指着他说："像吕蒙正这样粗陋的人，也能有资格参与朝政吗？"
>
> 吕蒙正当时并没有理会，只是假装没听见，大步走了过去。
>
> 他的朋友很愤怒，向别人询问那个官员的姓名，以备日后出气，吕蒙正却急忙制止了。
>
> 朋友心中愤愤不平，吕蒙正却说："一旦知道了他的姓名，那我就终身不能忘了他，还不如不知道。没有查询他的姓名，我又有什么损失呢？"

一个真正有"范儿"的领导者，在各种挑衅和责难面前，不会一马当先、首当其冲去"应战"，而是会选择退避三舍。这不是懦弱，而是一种大智慧，因为他们明白，易怒的人是莽夫，这样做的结果除了让自己在下属面前丧失威信，没有任何好处。

无论是在企业内还是在机关单位，几乎每一个领导都曾经为办公室流言满天飞的问题搞得头疼不已。对此，美国伊利诺斯大学的管理学研究者弗朗克·麦克安德鲁教授指出，在组织内，流言无论如何是挡不住的。他说："领

导者根本无法阻止流言——因为流言本身就是人性中根深蒂固的一部分，就如同呼吸一样，无法禁止。"因此，与其越描越黑，最后欲盖弥彰，倒不如平静以对，由得它去。

当然，如果这样的中伤言论愈演愈烈，领导者也没有必要一再退让、隐忍，为了防止这种尴尬情况产生，在必要的时候出来澄清和反击也是有必要的。就像芝加哥大学心理研究中心教授罗德曼说的那样："不是说领导者听到点滴传言就要采取行动，但如果消息的来源可靠，恶劣影响比较严重，你就要拿出时间来听一听了。"

4. 发怒时要见好就收

> 行动而没有思想也许是愚蠢的，可是行动而没有常识却常常会结果悲剧。
> ——林语堂

林语堂，中国现代著名学者、文学家、语言学家，早年留学国外，回国后曾在北大任教。

有句话叫"不当家不知柴米贵"，放在领导者身上，恐怕就是"不当官不知管人难"。许多领导者都曾为管不住人而发愁，也为下属来势汹汹的无理取闹而头疼，这个时候，倘若领导者一再地退让、宽容，只怕会让宽容变成纵容，令对方肆无忌惮、变本加厉。

因此，在必须时，领导者适时发怒是十分有必要的，这对肇事者具有很强的震慑力，给对方以严厉的警告，从而达到妥善处理问题的目的。当然，发怒时的分寸也是需要领导者有效把握，不只为发怒而发怒。

第六章 坦然淡定,泰山崩于前而色不变

蔡元培给人的印象从来都是温文尔雅,和善沉毅,其实他骨子里有一种刚正之气,发起怒来相当厉害。

蔡元培任北大校长时,那时北大名教授众多,每位教授除将研究心得登台讲述让学生做笔记外,大都另发讲义以资参考,并向学生收取一定成本的讲义费,属于教材费。

1922年10月,北大发生了轰轰烈烈的"讲义风潮"。一部分学生无理取闹,要求撤销这项收费,并对代总务长沈士远发起围攻,学校里到处贴满谩骂沈士远的条子,更有人高呼:"打倒沈士远!"

蔡元培闻声挺身而出,厉声说:"收讲义费是校务会议决定的,我是校长,有理由尽管对我说,与沈先生无关。"并大声呼道:"我是从手枪炸弹中历练出来的,你们如有手枪炸弹不妨拿出来对付我,我在维持校规的大前提下,绝对不会畏缩退步!"

情绪激动的学生冲进了校长室,蔡元培被彻底激怒了,他把袖子高高地卷起,两只拳头不断在空中摇晃,说道:"你们这班懦夫!我跟你们决斗!有胆的就请站出来与我决斗。如果你们哪一个敢碰一碰教员,我就揍他!"然后满脸青筋地步步紧逼。包围着他的学生害怕了,步步后退,逐渐散去。

这还不算,蔡元培还在当天写下辞呈宣布离开北大。随后,北大总务长蒋梦麟、代总务长沈士远、图书馆主任李大钊等人,也纷纷刊登启事,宣布"随同蔡校长辞职,即日离校";北大全体职员也发布《暂时停止职务宣言》,《北京大学日刊》也于当日宣告"自明日起停止出版"。大家都与蔡校长共进退。

为了挽留蔡元培,北大召开了教务会议和评议会紧急会议,教育部次长马叙伦也对蔡元培面劝。最后,蔡元培同意收回辞呈,北大教授继续执教,但他却坚持要处分带头闹事的学生——予以开除,一为

严肃纪律,杀鸡儆猴;二为自己受学生围攻挽回颜面。

蔡元培先生是众所周知的"老好人",冯友兰、罗家伦在回忆文章中多次提到蔡元培给他们带来如沐春风般的教诲。但就是这样的蔡元培,却有着"金刚怒目"的一面,一旦强硬起来毫不含糊。

因为他知道,作为一名领导者,如果不能镇住下属,这领导也是徒有虚名,不会干成什么大事。但同时,他也懂得发怒要见好就收的道理,面对各方的挽留,他这个校长该当还是要当,但带头闹事者也要受罚,这对树立自己的形象、提高领导人的威慑力非常重要。

对于一个企业来说,身为领导者,有时为了工作不得不斥责下属。然而,斥责人却比被人斥责难得多。当你不懂得如何掌握发怒的技巧时,你怒火冲天的样子在下属眼里,很可能就成了一出滑稽的表演,不仅不会起到解决问题改善境况的作用,还会因此成为他人的笑柄。

那么,一个优秀的领导者该如何把握发怒的分寸呢?

(1)讲究速度

真正能发挥效果的怒气都看重事后的威力。故此,要掌握快、狠、准的要诀,不但要发对脾气、找准对象,还要适得其所,才会有"平地一声雷"的气势。只有这样,才能产生真正奏效的作用。而自以为是地咬牙切齿或恶狠狠地放冷语伤人,日子长了却反会演变成一种积怨,实际上一点效果也没有的。

(2)发怒要对事不对人

发怒要对事不对人,不能因为一个问题的处理失误就否定了做事之人,这样只会寒了下属的心,长此以往,必定会对你心生不满,而对你的信任与尊重,也在这样被无厘头的训斥中逐渐淡化。

(3)懂得收敛

发怒要达到理想的效果,发泄怒气的原因与理由必须让人清楚地知道。因为发怒有理,才能发得心安理得,而事后彼此也能维持彬彬有礼的圆满结局。但最重要的还是发脾气的人一定要知道收敛,否则若一时头脑不冷静而欲罢不能,动辄便来一次发作,三番五次没理由地大发雷霆,后果就难以控制了。

(4)打了巴掌之后给颗糖

"雷声隆隆"地指责完下属之后,别忘了适时地给予安慰。让挨了责备而沮丧万分的下属,有重新冲刺的勇气。

但是,安慰要得法,可别让对方以为你是因责备人后悔,这样可就会产生让对方看轻的反效果。所以,在斥责与安慰之间,必须保持一段适合的时间。

总之,领导者发怒也是一门艺术,你的"冲冠一怒"只有达到了理想中的目的才算有效,所以,这门艺术还需要我们用心掌握。

5. 小不忍则乱大谋

> 现在我们中国人的容忍水平,看了真让人气短。在公共汽车上,挤挤碰碰是常见的现象。如果碰了或者踩了别人,连忙说一声"对不起",就能化干戈为玉帛。然而有不少人连"对不起"都不会说了。于是就相吵相骂,扭打,甚至打得头破血流。我们这个伟大的民族怎么竟变成了这个样子!我在心里暗暗祝愿:容忍兮,归来!
>
> ——季羡林

季羡林,著名文学家,曾任北大教授、北大副校长。在提及"忍"这个话题时,他说了上述言论。

曾在北大担任西语系主任的冯至老先生,在自然、人生、生命几个方面的思考都很有意义,他曾提出这样一个问题:"忍受寂寞,忍耐,默默担当一个大宇宙。像自然一样默默。"

忍耐，不仅是一个人为人处世时需要具备的品质，更是一个领导者必不可少的德行。《孙子兵法》中有句话叫"主不可以怒而兴师，将不可以愠而致战，合于利而动，不合于利而止"，意思是作为一国之君，不能够因为一己的愤怒而发动战争，作为军队的领袖，不能够仅凭心中的怒火就贸然将军队投入战斗。

一时之怒会影响到人的心智，从而让人做出冲动的决定。如果一个人因为愤怒而犯下的错误还有补救的余地，但是一个国家、一支军队或许就没有如此好运了。因此越是地位高的人，就越应该注意控制自己的情绪，不能因一时的愤怒而冲动，须知小不忍则乱大谋。

2011年10月11日，因淘宝商城新规提价，淘宝商城小卖家联合集中攻击大卖家，以此对淘宝商城施加压力。

不久之后，马云在面对记者的采访中一脸疲惫。他说："刚有记者问我手上写了几个什么字，我告诉大家是四五个'忍'！"马云感叹今年麻烦真的很多，"一是央视打击淘宝假货；二是支付宝事件扯出了VIE，我至今也没搞懂VIE是什么；三就是这次出新规的目的是打击假货水货，没想到又扯出了小卖家的激烈反对。"

马云表示，出新规的目的是打击假货水货，想法是对的，淘宝商城绝对不会退让，但在具体方法和沟通上需要完善。最后，马云宣布向淘宝商城追加投资18亿元，以及五项对商家的扶持措施。

马云赞赏一句话：热爱你的邻居，但记着家门要上锁。阿里巴巴的发展与中国小企业的发展荣辱与共，纵然遭受到如此空前的打击，但他依然回归强人本色，说："我不是一个轻易放弃的人，只要没有搞死我，我会越战越强。"

第六章　坦然淡定，泰山崩于前而色不变

三国时期，诸葛亮进军五丈原之后，六出祁山，企图引诱司马懿出来应战，而司马懿却丝毫不为之所动。当时诸葛亮急于在西线打开缺口，与吴军相互照应，而这时作为西线战场的主将司马懿，也奉行了抵御政策，并在诸葛亮一次次的引诱中坚持不懈。司马懿听来使说"丞相夙兴夜寐，罚二十以上皆亲览焉。所啖之食，日不过数升"时，便对自己的手下说："孔明食少事烦。其能久乎？"

司马懿更据守不出，蜀魏双方在渭水一带僵持了百余日。结果，诸葛亮"星陨五丈原"。蜀军不得不撤回汉中。可以想象，如果司马懿耐不住性子，一时的率性而为就将导致无比严峻的祸患。

"忍无可忍"并不是不得不还手的最后底线，若把它理解为"忍，无可忍"，那就是一种大度宽容的崇高境界。忍，心字头上一把刀，人生有许多话、许多事需要忍。小不忍则乱大谋，不能忍，就难成大事——这句话堪称一位成功领导者的处事箴言。

1754年，华盛顿被推选为弗吉尼亚州议会议员的候选人之一，即将参加选举。在他的反对者里面有一个名叫威廉·佩恩的人，此人非常之刻薄，无论华盛顿做什么，他总能找到攻击的地方。

有一天，他与华盛顿就选举问题又展开了一场激烈的论战，情绪激动之中，佩恩随手挥起手中的木手杖将华盛顿打倒在地，场面甚是混乱。当闻讯而来的华盛顿的部下要为他采取行动时，华盛顿却阻止了，告诉大家，一切事情都由自己来处理，并让大家退回了营地。

第二天上午，华盛顿让人带给佩恩一张便条，约他到一家酒店会面。佩恩以为华盛顿要跟自己提出决斗的挑战，便随身带了一把手枪去赴宴。然而，大出佩恩之所料，华盛顿站起身来，笑容可掬地说：

"佩恩先生，人都有犯错误的时候，昨天确实是我的过错。你已采取行动挽回了面子。如果你觉得已经足够，那么就请握住我的手，让我们做个朋友吧！"

佩恩大受感动，从此以后，他成了华盛顿一个热心的崇拜者和坚定的支持者。

所谓"忍小谋大"，作为领导者就应该有这种大局观，不然如何体现领导者的气度。一个成熟的领导者绝对不会被眼前的小是小非缠住手脚，在他前进的道路上，一定能够排除各种干扰，将目标直指最终的终点。

领导者不是小兵，不能够为一时之气而昏了头脑，不然如何体现领导者的价值？一味地"不争馒头争口气"之人，大多时候都是莽夫之举，难成大事。龙潭虎穴固然要闯，但如何能够通过指挥，以最小的损失获得最大的收益，这才是一个合格的领导者该考虑的事情。

6.把喜怒哀乐装在口袋里

> 琐碎和世俗的事耗费了人们太多的时间，忽略那些无关紧要的事，才不会错过那些真正重要的事。
> ——翟鸿燊

翟鸿燊，我国当代传统文化的倡导者和传播者，曾任北大客座教授。

我们大约都见过那种爱玩"变脸游戏"的领导者，这会儿还是满面春风，下一刻就阴云密布。在这种领导者手下工作的下属，必定天天说话提心吊胆，办事如履薄冰，因为不知道什么时候、什么原因，就会招来一顿训斥。

这样的领导者或许在气势上能作威作福，将下属玩弄于股掌之间，但却不

第六章　坦然淡定，泰山崩于前而色不变

是一个真正高明的领导者。当一个领导者具备了一种沉得住气的素质，能够做到喜怒不形于色，任何事情都只放在心里而不表现在脸上，那么，这才是一种成熟的标志。

秦朝衰亡之后的八年楚汉相争中，刘邦与项羽为争霸天下开始了一系列杀伐之战。

有一次，刘邦和项羽在两军阵前对话，刘邦义愤填膺地历数项羽的罪过。项羽大怒，命令暗中潜伏的几千弓弩手一齐向刘邦放箭。很不幸，一支箭正好射中刘邦的胸口，痛得他把身体伏了下去。

主将受伤，群龙无首。一时之间，汉军人心浮动。刘邦知道，如果此时楚军乘虚而入，汉军必定溃败。猛然间，刘邦突然镇静起来，他巧施妙计，在马上用手扣住自己的脚，喊道："算你们走运，碰巧被你们射中了。但尔等也不要高兴得太早，这箭只射在了我脚趾上，没有重伤，让我们战场上见高低吧！"

军士听了，大局顿时稳定下来，最终也没有被楚军攻陷。

遇喜兴奋，遇悲哀伤，这原本就是人之常情。但对于一个领导者来说，如此不加以掩饰地表现就会带来很多问题。因为身旁不乏善于察言观色者，他们会根据你的喜怒哀乐来调整和你相处的方式，并进而顺着你的喜怒哀乐来为自己谋取利益。高明的掌权者一般都不随便表现出这些情绪，以免被人窥破弱点，给他人一个有机可乘的机会。

"喜怒不形于色"不是故作神秘，应该是领导者的基本素质。一个人完全能够以冷静客观的态度来应付事情，这种性格的人才配做一位领导者。一旦领导者把自己的真情表露出来了，就容易为人所看穿，以至于受到拨弄，而导致做出错误的决策。

当组织内部遭遇困难时，如果领导者露出不安的表情或慌乱的态度，便会影响到全体员工，一旦根基动摇，就会带来崩溃。这种情况下，如果能保持冷静、若无其事的态度，就能使下属的心里保持平静。所以，要把喜怒哀乐藏在口袋里，不要轻易地拿出来让别人看见。

弗雷德里希出生于德国的一个小镇上，父亲是一名普通的电器商人。在弗雷德里希大学毕业后，父亲想让他走出这个闭塞的小镇，去外面闯一闯，于是便把他介绍到朋友开的一家汉堡工厂里上班。

弗雷德里希在汉堡工厂里非常用心地工作着，很受同事的欢迎。

然而在第二年，弗雷德里希的父亲研究出了一项新发明，这项发明使得他财源广进，两年光景，他就从中产阶级迈入了大工厂主，并且收购了一批同类企业，包括弗雷德里希所在的工厂，弗雷德里希也从一名普通工人变成了工厂的高层领导者。

在成为工厂领导者之后，弗雷德里希并没有摆起领导者的架子，对待手下的员工依然如同对待伙伴、工友一般。他从不把喜怒哀乐挂在脸上，永远都是一副温和儒雅的样子，即使有人刻意冒犯他，或是有阿谀奉承者，他都不做任何愤怒或是沾沾自喜的表示，依旧一视同仁。这使得他获得了大家的全力支持，几年内就把汉堡这家工厂发展成为家族最大的企业。

后来，弗雷德里希接管了父亲在德国的全部生意，成为德国乃至欧洲电器业中举足轻重的人物。

高则突兀，傲则远人。一个做领导的人，没有任何群众基础肯定是不行的，然而高傲却又是最容易脱离群众基础的。不要到有一天发现身边没人帮自己的时候才后悔自己对人的态度，在平时尤其是春风得意的时候就要时刻注意自己的言行，不因为自己飞黄腾达成了领导者就能随便发泄自己的情绪。

要知道，领导者经常处于鲜花掌声、诋毁诽谤之中，面对荣誉、赞赏、非议、误解，只有做到淡定相对，才能以柔克刚。

因此，领导者一定要学会控制自己的情绪，少让自己"带电"作业，避免恶化管理环境与管理绩效。不妨做一些换位思考，当别人把你当作出气筒时，你会怎么想？就算你是领导者，你的下属也未必能忍受得了你三番五次的怒火。

7.面临绝望更要坚持

> 你遇到艰难、打击、失败、挫折，都是往面粉中间掺水，掺水的过程就是不断地揉，最后慢慢就变成了面团，再拍都散不了了。继续往后揉的话它就变成了拉面，你可以拉，可以揉，可以变形，但是它就是不断。
>
> ——俞敏洪

俞敏洪，毕业于北大，新东方集团创始人。

趋利避害是人的本性，更何况是"绝境"这一状况？但仍有许多人在面临绝境时永不退缩，坚持到底，用他那耀眼的人格魅力征服了无数人的心。

如果要用一些冠冕堂皇的词语来形容蔡元培先生的一生，那便是"威武不能屈、贫贱不能移、富贵不能淫"。尽管他对自己的评价是"性近于学术而不宜于政治"，甚至"畏涉政事""德行有余，而方略颇短，性又好学，不耐人事烦扰"，但在涉及个人信仰、价值、操守方面，他毫不妥协，从未懈怠。

不管是在教育事业上，还是涉足商业场上，没有从未遇到过艰难险阻的领导者。那些在绝境中选择放弃的人，永远不能走到最后，笑傲江湖；而只有咬牙熬过"山重水复"的领导者，才有摘取成功桂冠的资格。

华人软件英雄，BEA公司CEO庄思浩先生在一次演讲时说："我必须要告诉你们要有恒心。我相信你们都是经过非常刻苦的学习来到这里的人，但是当你进入商业界时，尤其是国际商业环境，你会发现，有太多太多的障碍阻碍你的成功。如果你没有耐心，不够坚持和有恒心，这障碍就赢了。我个人面对过无数阻碍我成功的困难，这使我相信，没有什么问题是不可能发生的。"

在创业的道路上，马云遇到的数次绝境不可谓不凶险。

1995年，有几个自称是深圳大老板的人找到马云，说愿意出资两万元，做"中国黄页"的代理商。在当时"中国黄页"正处于资金困境的情况下，"深圳大老板"对马云来说无疑是"大救星"。于是兴奋的马云毫无保留地将"中国黄页"的核心模式和机密技术全部和盘托出，并且派出技术人员亲赴深圳指导，帮助他们建立系统。

但是，他们窃取到马云的劳动成果后就销声匿迹了。更可恨的是，这几位深圳老板已经成立了自己的公司，拿出来的东西和马云的"中国黄页"一模一样——这简直就是当头棒喝。马云"当时真的受不了，但我还是把它扛下来了"。

不要以为苦尽就会甘来，马云所遭受的磨难还远远没有结束。1996年，互联网终于成了社会上的"热点"，许多人都参与互联网，马云的"中国黄页"也蓬勃开展着。

当时，马云最主要的对手是杭州电信。面对这一场敌强我弱的短兵相接的肉搏战，马云决定和杭州电信合作。

但不久之后，问题就暴露出来了。杭州电信急于利用"中国黄页"来赚大钱，而马云则认为不到时候不能够挣钱。双方分歧日益加深，纵然马云心里不甘，但最后还是硬起心肠，将自己当时拥有的21%

第六章 坦然淡定,泰山崩于前而色不变

的"中国黄页"股份送给了一起创业的员工,离开了重组后的"中国黄页"。

创业路上遇到再大的险境与失败,马云从来没有萌生过妥协的想法。马云说:"这些事太多太多。每次打击,只要你扛过来了,就会变得更坚强。我又想,通常期望值越高,结果失望越大,所以我总是想明天肯定更倒霉,一定会有更倒霉的事情发生。那么明天真的有打击来了,我就不会害怕了。你除了重重地打击我,还能怎么样?来吧,我扛得住。抗打击能力强了,真正的信心也就有了。"

马云凭着这股韧劲儿,成就了自己今天的辉煌。

一个人一直坚持到最后实在是比较困难的,世界上成功者微乎其微,而平庸者多如牛毛就是最好的说明。比如,桑德斯曾跑遍了美国的每一个角落来推销炸鸡秘方,被拒绝1009次,而第1010次的巨大成功让"肯德基"满世界开花——这就是坚持的力量。

有句话说得好,"没让你死的,真的会让你变得更强大"。一个人从创业到成功,往往要经历无数的艰辛、苦难、挫折和失败。只要把这所有的酸甜苦辣、弹痕伤痕、泪水和汗水、委屈和打击都克服了,你也就距离成功越来越近了。

所以,今天那些准备踏上自己创业之路的人,最应该记住的就是马云那句话:"昨天很残酷,今天更残酷,明天会很美好,但很多人都死在今天晚上,看不见明天的太阳。"

决不放弃是一种信念,更是行动的精神支柱。这世上从来就没有手到擒来的成功,若想摘取成功的桂冠,毅力与耐心这两大条件必不可少。作为一个领导者,尤其要重视并坚信这一点,因为只有带头人有了这股坚持不懈的精神,才能最大限度地激励下属不断进取,向着更高的目标迈进。

第七章

大肚能容，度量越大成就越大

1. 宰相肚里能撑船

> 你豁达了，也就收获了。
> ——黄侃

黄侃，著名语言文字学家，曾任北大教授。

有许多人曾问北大的校训是什么，答案是没有。北大的无正式校训也恰是她的魅力所在——这正是北大自由包容的象征，她会聚了天下最优秀的学子，拥有最坚实的师资力量，只为培养出自由个性的人才。这就是北大精神——海纳百川，有容乃大。

有人说，一个人的胸怀有多大，其事业就会有多大。在与他人相处中能时时做到宽容以待，不对他人的过错耿耿于怀，才不失为一个有气度、有雅量的领导者。

东汉大将班超出使西域时，西域三十六国中除了龟兹国自恃武力

第七章 大肚能容，度量越大成就越大

强盛，不肯俯首称臣，其他国家都与班超联络交好。为了打动龟兹国，班超只好去结交乌孙国，意图从中牵制。

乌孙国国王派遣使者到洛阳朝拜，汉章帝决定派卫侯李邑随行护送。等李邑到了天山南麓时，听闻龟兹国正在攻打别的国家，吓得不敢继续前行，便上书朝廷，在奏折中肆意诽谤班超在西域只贪图富贵，毫无作为。

汉章帝相信班超的忠诚，斥责了李邑，并且下诏让李邑听从班超的指挥与安排。

李邑拿着诏书无奈地去见班超。班超不计前嫌，予以热情接待。当后来乌孙国王子去洛阳称臣的时候，班超派李邑陪同前往。

班超的属下很不忿："过去李邑诋毁将军名声，现在将军为何还派他做这种肥差呢？"

班超说："如果我把李邑扣下来，显得我气量太小了。正因为他说过我的坏话，所以让他回去。如果图一时痛快，公报私仇，那就不是忠臣所为了。"

后来，李邑听到了这番话，对班超十分感激，再也不诽谤他人了。

世界上最宽广的是大海，比大海更宽广的是天空，比天空更宽广的是领导者的胸怀。能否包容他人，是判断一个人是否具有领导气质的重要尺度。作为一个领导者，不要以为只有针尖对麦芒才叫强势、才有气势，其实宽容的胸怀才是最大的领导气势所在。

退一步讲，就算是下属有意或是无意冒犯了我们，做领导的也该有一个良好的心态来面对，因为你一味地发怒暴躁不仅无法改变下属对你的态度，而且很可能加深下属对你的嘲讽与厌恶，实在得不偿失。因此，凡事大度一点、豁达一点，反而可能会让下属反省自己，认识到自己的错误，进而化不尊重为尊重。

世界著名企业年达律师事务所的老板，是一位身高只有一米六二的矮个子中年男子，这在身材普遍高大的北欧人群中来说，简直与侏儒无异。对此，经常有员工在他背后指指点点，极尽挖苦嘲笑之能事。而他也当然知道这些人在说什么，却装作没听见，不以为意。

有一次，他去茶水间打水时，正好撞见了两个员工正在热烈"讨论"他的身高，见他进来，话题也就此打住。面对好不尴尬的两位下属，他却无所谓地笑了，打趣说："我的身高非常引人注意，这是肯定的。但要知道拿破仑将军也不过只有我这个身高啊，我是有做拿破仑的志向的。不过，你们谁会成为我手下的达伍（拿破仑著名的部下）元帅呢？"

听到这话，两位员工的脸色变得缓和起来，从此以后再也不拿老总的身高开玩笑了。

这位矮个子老板真是聪明，他的一番话不但将下属心中的疙瘩解开，还创造了一个激励下属的机会。有着这样的睿智与气度，怎能不成就一番大的事业呢？

还有一种情况是，有许多领导者对下属要求极其严格，却对自己比较放任，这类领导总是习惯于对自己身上的毛病和自己犯下的错误采取宽容的态度，总会以"谁还没点毛病啊""金无足赤人无完人"这样的话聊以自慰；到面对下属的毛病和错误时，他们就会立即变换出另外一副嘴脸："你怎么这么笨啊？""我是完美主义者，我不允许失败！"

对于这样的领导者，作为下属的态度一定就是唯恐避之不及了。那么在没有下属爱戴，没人为他"卖命"的情况下，他想要获得事业上的成功，就无异于痴人说梦了。由此，领导者要懂得包容下属的缺点，宽恕下属的冒犯。

第七章 大肚能容，度量越大成就越大

IBM的前总裁安迪·格鲁夫也是以包容下属出名的。只要下属在人品和工作能力上没问题，其他的小瑕疵从来都不在格鲁夫考察他们的范围之内；对于一些员工经常出现的偷懒、疏忽等问题，格鲁夫从来都不正面批评，而是让他们自己去反省；而对于在工作上抵触他的那些下属，格鲁夫更是大度，他不但不生气还非常乐于和他们讨论，互相交换意见……可以说，正是因为有了格鲁夫这样大度能容的领导者，IBM公司才可以在竞争激烈的市场上攀上一个又一个的高峰，总是立足于不败之地。

在我们这个越来越开放的社会中，没有谁是只能依靠别人活着的，作为领导者，在某种场合下的地位是比下属高，但一个领导者想要自己的地位稳固，就必须为自己积累下足够坚实的"群众基础"，而如果想要建立自己的"群众基础"，前提是必须有一个能包容他人的胸怀。

2. 忍他人之短，容他人之长

任何一个人，包括我自己在内，以及任何一个生物，从本能上来看，总是趋吉避凶的。因此，我没怪罪任何人，包括打过我的人。我没有对任何人打击报复，并不是由于我度量特别大，能容天下难容之事，而是由于我洞明世事，又反求诸己。假如我处在别人的地位上，我的行动不见得会比别人好。
——季羡林

季羡林，著名文学家，曾任北大教授、北大副校长。

曾任北京大学西语系教授的叶公超先生，恃才傲物，喜欢骂人，有人说他"一天的脾气有四季，春夏秋冬"，变化无常。好友叶明勋说："提起李白，除了诗忘不掉他的酒；提起徐志摩，除了散文忘不掉他的爱情；叶公超先生，除了他的外交成就,我们忘不掉他的脾气。"但即便是这样,北京大学上至校长下至学生,都非常喜欢这个耿直爽快的人,因为抛开他的暴脾气,大家看到的是一个率真、正义、骄傲的知识分子形象。

人无完人。当我们容忍不了一个人的浑身缺点时,不妨劝自己稍安勿躁,对其表现出宽容的态度,尤其是一位领导者。因为,一个成熟的领导者,对待下属在工作中偶尔出现的错误会尽量表现得宽容,他们不会因为一个错误就对下属彻底否定甚至当众揭短。这样的气度胸襟,势必会产生不怒自威的领导效果。

谷歌公司的创始人之一谢尔盖·布林在一次偶然中发现,公司的员工会在工作中同时做很多与工作无关的事情,甚至有些员工放着交给他们的工作不做,经常趁人不备的时候去玩网络游戏。这一几乎令所有公司领导者都头疼的问题同样也使谢尔盖陷入了深思。

几天后,谢尔盖在公司颁布了一项新规定,即每个员工都可以在办公时间内拿出30%的时间做自己喜欢的事情,无论它与工作有没有关系,但不能为其他公司做兼职,而且还要把自己平时做的有意思的事情用书面报告的方式呈报给管理层。

公司领导层都对这一新出台的政策感到匪夷所思。但很快他们就看到了这项规定所带来的效果:员工的工作效率变高了;在工作中出现失误的概率也大大减少了;不仅如此,由于对这些员工个人爱好的总结,谷歌还研发出了多款新的搜索功能,为公司带来了丰厚的收益。

不只是谷歌公司,我们看到很多的成功人士中,无不在包容下属的错误方面有其独到之处。比如全球酒店大亨希尔顿集团的创始人康拉德·希尔顿,他

第七章　大肚能容，度量越大成就越大

放手让下属们在职务范围内大胆负责地工作。而一旦下属犯了错误，他说得最多的一句话就是："当年我在工作中犯过更大的错误，你这点小错误算不了什么，凡是干工作的人都难免会出错。"在下属情绪稳定之后，他再客观地帮助他们分析错误的原因，并一同研究解决的办法。

有个勇猛无敌的将领在一次行军过程中因不按命令行事，全盘破坏了将军的计划，令军队蒙受不小损失。有人劝将军将他砍了，将军却说："这是一个多么愚蠢的想法——要知道，打起仗来他比你们任何一个人都要强。"

所有的人都会犯错误，因为这本身就是成长的一部分，一个不断犯错误然后再不断改正的人才是一个有进步的人。成熟的领导者能够用一颗宽容的心去对待下属，这样的领导者将得到下属的尊敬和信任，而其下属久而久之就会"不用扬鞭自奋蹄"。

还有一种领导者，他忍受得了下属的短处，却容忍不了下属的长处。也许是嫉妒心作祟，也许是人的天性使然，敢不敢用比自己强的人这个问题，恐怕是对领导者在用人方面最大的考验了，同样这也是作为一个领导最容易进入的思想误区。

戴维·奥格尔维是美国著名的奥美广告公司的创始人。有一次公司提拔上来一批新主管，他送给每人一个玩具套娃，想由此来向这些新主管说明自己对待下属的态度。

我们都知道，套娃是一种手工艺玩具，每套套娃从大到小依此有五个洋娃娃，最小的那个可以装到次小的那个套娃里面，依次类推，最后前四个就可以装进最大的那个里面。

在最小的那个洋娃娃里，奥格尔维装入了他想要告诉这些新主管的话："如果我们每个人都聘用能力比我们弱的人，那么我们的公司就会变成一个蠢货公司；但是如果我们每个人都聘用比我们强的人，

那么奥美广告公司就会变成一家强大的公司。"

在很多领导者心里,如果下属比自己强似乎是一件很丢人的事,甚至在很多民营企业里我们更是看到这些企业家在招收员工的时候直言不讳,"不招那些学历高的、经验足的"。这种做法像极了我们民间的一句谚语,"武大郎开店——不招个高的"。

美国钢铁大王卡内基的墓志铭上写着:"这里长眠着一位先知,他勇于用比自己强的人才!"对别人比你优秀的事实,特别是下属,一定要容忍。嫉妒下属,不会给自己增加任何的好处,同时也不可能减少对方的成就。

再者,按照"嫉妒经济学"分析,就是嫉妒者以"妒火中伤"为"成本"去嫉妒他人。抛开嫉妒加害在他人身上的那些灾祸,"妒火"中伤的最终还是嫉妒者自己。因此,不惜运用卑鄙的手段打压下属以抬高自己的领导者,永远不可能做成什么大事。

3. 不念旧恶,可成大事

> 容忍是一切自由的根本:没有容忍,就没有自由。　　——胡适

胡适,历任北大教授、北大文学院院长、北大校长。现代学者、史学家、文学家、思想家。

1915年,总统袁世凯设参政院以代国会,网罗各界知名人物为参政,有着"北大怪杰"之称的刘师培去袁世凯门下做了参政。对于他的这一行径,不少人都表示憎恨,但蔡元培却为之辩护:"刘申叔(刘师培),弟与交契颇久,其人确是老实,确是书呆。"1917年,蔡元培初掌北京大学,不念旧恶,再次

第七章 大肚能容，度量越大成就越大

聘请已经落魄的刘师培为北大文科教授。刘师培感激涕零，在教书工作上鞠躬尽瘁，倾尽其才。蔡元培先生的人格精神，象征了北大精神——宽容大度，不念旧恶，唯才是举。

对于一个人来讲，最大的气度无过于原谅背叛过自己的朋友或者伤害过自己的敌人，而对于一个做领导的人来讲，只是原谅他人还不够，一个领导者最大的气度是原谅并且还重用那些伤害或背叛过自己的人。

《大宅门》里面有这么一个章回：白景琦想收购孙万田的泷胶庄，但孙万田死活不肯。不仅不肯，他还在黑七泷胶庄对面开了一家孙记泷胶庄，和白景琦打擂台，出售与黑七泷胶庄同样质地货色的泷胶，大大抢了白家的生意。

经过追查，白景琦找出秘方泄露的缘由，原来，是老伙计石元祥以一百两银子的代价向孙万田出卖秘方。这让白景琦一时愤恨不已。

一年以后，面对已经出狱认打认罚的石元祥，白景琦却不但不计前嫌，还让他当胶庄的大掌柜，将全盘的生意都托付给了他。

对此，掌柜吴老板不明就里，质疑白景琦的做法，白景琦则回答："他出卖我一回，我不但不怪他还提拔了他，他就不会再有第二回，而且你看这柜上除了他还有谁能拿得起来啊？"

俗话说，"将军额下可跑马，宰相肚里能撑船"，大人物就应该有大人物的胸怀。或许原谅一个曾伤害自己的人不是太难，但能够做到不计前嫌再次任用他们的领导者，却是少之又少。

唐朝李靖，曾任隋炀帝的郡丞，最早发现李渊有图谋天下之意，向隋炀帝检举揭发。李渊灭隋后要杀李靖，李世民强烈反对。后来李靖驰骋战场，屡战不疲，安邦定国，为唐王朝立下了赫赫战功。魏徵曾鼓动太子建成杀掉李世

民。李世民同样不计旧怨，量才重用，使魏征觉得"喜逢知己之主，竭其力用"，也为唐王朝立下了丰功伟绩。

还有齐桓公重用当年差点杀死他的管仲为相，韩信重用当年给他胯下之辱的无赖为官，毛泽东任命当年和他针锋相对的国民党人为主席、部长……这些事例无不体现了一个大人物的大气魄。

对于领导者来说，部属或同事中，有人曾经犯过错误，或因劣行受过处分，凡此情况仅仅是一种过去了的经历，为领导者一定不可念之不忘，更不要试图把他过去的污点作为现在对他的控制手段。事实会向你证明，凡经历过错误的人，一旦为你诚服，其发挥的作用往往会超于常人。

西洛斯·梅考克是美国国际农机公司创始人，他从不滥用职权，既坚定制度的严肃性，又不伤害员工的感情，很受大家拥戴。而最让大家感动的，却是他不计前嫌的广阔胸襟。

曾有几个同梅考克一起工作多年的员工，在一次公司遇到困难的时候义无反顾地背弃了他。对这样的人任何人都是难以容忍的，在当时，梅考克为此深感痛心，并气愤地说："我希望永远不再见到你们！"

十几年后，公司情况得到好转，事业大振，这几个人又找上门来。而此时，梅考克早已把自己的誓言丢在脑后，他欣然接受了这几名员工。老板不念旧恶，使这几名员工深受教育。从此以后，他们同梅考克同心协力，为国际农机公司的强盛做出了自己的贡献。

领导者其实也很平常，也难免有个人的好恶，但你必须要具有比部属更高的思想境界和更多的工作经验。在企业管理中，领悟并应用"疑则重察、信则重教""责勿过严、教勿太高""不究小过、不揭隐私、不念旧恶"这几种方法，是大为有益并行之有效的。它不仅是领导者的用人之术，更是领导者的助人之德。

因此我们说，领导者用人需要雅量，不要老是看谁跟你有过节，谁曾经得罪过你，而是要看谁最有能力，谁对于你的组织或者企业来说是最需要的人才。

4.有虚心向别人求教的雅量

我在那年四月间给颉刚一信，开始作讨论文字。从四月到七月这个夏季，我们俩的来往信札不断，是兴会最好的时候。颉刚启发我的地方极多，这是不用说的了。这书有一半材料，大半是从那些信稿中采来的。换句话说，这不是我一人做的，是我和颉刚两人合做的。我给颉刚的信，都承他为我保存，使我草这书的时候，可以参看。

——俞平伯

俞平伯，"新红学"的开拓者之一，曾任北大教授。上述话出自俞平伯于1922年出版的《红楼梦辨》一书，在此书的引论中，俞平伯特别提及好友顾颉刚对此书的贡献，并对此感念不已。

俗话说："火要空心，人要虚心。"人们称知识渊博的人为"有学问"的人，其实，所谓"学问"，就是既学还问。"问"是由思考得来的，凡是有学问的人，必定是勤于思考，善于发现问题、提出问题，而且总有着虚心向别人请教的雅量的人。

欧阳修是北宋有名的大文豪，他文采出众，官居高位，为人却相当谦虚，经常虚心向别人求教。例如，他每写完一篇文章，必先"草就纸上、粉于壁,兴卧观之屡思屡议"。其脍炙人口的优秀作品《醉翁亭记》,用字精练,文辞优美,被人们传诵至今,此文就曾得益于一位砍柴老樵夫的指教。

当时欧阳修写完《醉翁亭记》一文,命人贴到外面,希望行人帮助他修改和提意见。有一个砍柴的老樵夫读了几句:"滁州四面皆山也,东有乌龙山、西有大丰山、南有花山、北有白米山,其西南诸峰,林壑优美……"连连感叹太过啰唆,并说:"我砍柴时站在南天门,大丰山、乌龙山、白米山还有花山,一转身就全都映入眼帘,四周都是山!"

欧阳修听后忙说:"言之有理。"随即修改为"环滁皆山也"五个字。这就是我们今天看到的《醉翁亭记》言简意赅的开头。

孔子早就劝谏人们要"不耻下问",但仍然有不少人以"下问"为耻,尤其是对于那些高高在上的领导者而言,似乎放下身段向他人请教问题是一件很丢脸的事情。但这恰恰是蠢人的行为。

有虚心向人请教的雅量的人,才会真正赢得他人的尊重,也才能在领导位置上将工作干得更好。唐太宗李世民在位期间政绩卓著,是我国古代颇有作为的一个皇帝。他曾说:"我少年时就喜爱弓箭,后来我用弓箭定天下,但我并不真正懂得弓箭的好坏,更何况天下的事物,我怎么能都懂呢?"他鼓励臣下多提批评建议,并且采纳了许多有益的劝谏,为他的施政活动提供了宝贵的借鉴。

放在今天的企业管理中来,虚心向人请教仍是领导者的一门必修课。就如比尔·盖茨说的那样:即使你是一个天才,你也不可能一通百通。一个聪明的人,他的聪明之处在于不耻下问,虚心地向他人求教。

另外,领导者能虚心向他人学习,这也是解决与他人之间摩擦最好的润滑

第七章 大肚能容，度量越大成就越大

剂。一个成功的领导者，往往不是一开始即具备非凡的能力，而是不断地向他人学习，吸取别人的长处，在学习的过程中一步一步地完善和发展自己的领导才能。所谓"成功是经验的累积"便是这个意思。

丰田的成本管理技术是世界上最先进的管理技术，作为这一技术创造团队的直接领导者，丰田喜一郎可以说是管理界的神话。能够带领团队创造出如此大的成绩，除了丰田喜一郎刻苦的钻研精神和管理头脑外，还有他谦逊和好学的性格。

由于丰田喜一郎经常被邀请到世界各地去演讲，他的翻译兼秘书对于他的这种谦虚精神很是佩服。秘书说，虽然在每次演讲前，丰田先生都会认真地准备和练习，而且即使他在台上讲得非常完美，但在每次演讲完，都会下来和自己交流，询问"我今天哪里讲得好，哪里讲得不好"。丰田喜一郎并非故作姿态，也绝不是问问就算了。他会拿个本子仔细地记下秘书的意见，并与其探讨自己哪里做得不妥，哪里需要改进。

一个人在事业上做得这么成功，但还能这么敬业、谦虚，这是非常难得的，因为很多人成功了就把自己变得很自大。在这一点上，丰田喜一郎可以说是每个领导者的好榜样。

领导者对待工作要谦虚，学习他人的长处，积累更多的经验，进而发展自己的才能，有更高的权威。反之，领导者自以为是、自高自大、目空一切，只能阻碍自己的发展，失去自身的权威与下属的支持。就连美国总统奥巴马都时刻保持着无比诚挚虚心的态度，比如他刚荣登总统宝座之时，就去拜访前总统克林顿与小布什，并说："对我来讲，今天能有机会获得诸位的建议、忠告和友谊，非常难得。"

一个成功的人，往往不是一开始就具备非凡的能力，而是不断地向他人学习，吸取别人的长处，在学习的过程中，一步一步地发展自己的才能。因此，每个怀有大抱负的领导者，还是收起高傲的样子，多拿出些虚心的姿态来吧，如此才能使你的事业更进一步。

5. 敢于进行自我批评

大学培养的是知行合一的人，边走边想的人。　　　　——唐师曾

唐师曾，毕业于北大，著名记者。

许多领导者都崇信"权威说"，似乎只有这样才能维护自己的统治地位，以至于有时候犯了错也不肯低下头来认错，因为担心因此破坏自己在下属心目中高大伟岸的"领导形象"。

但事实却是，无论是一个企业，还是一个创业团队，都需要一个好的领导者。他可以不懂得专业知识，但是一定要懂得承担责任，分得清现状，知道在什么情况下该对自己进行反思。领导者的举动不仅会影响员工的观念，还可能影响整个企业的发展。

一个领导者适时地进行自我批评并非自贬人格，更不是示弱服软，它是一种道义上的担当，是一个人自身涵养的体现。而那些犯了错误死不认账，试图文过饰非的人，虽然摆出一大堆理由说得头头是道，但却往往得不到他人的支持，反而让人反感。这就恰到好处地印证了古人那句话："君子之过也，如日月之食焉。过也，人皆见之；更也，人皆仰之。"

第七章 大肚能容，度量越大成就越大

美国强生公司生产过一种叫作"泰诺"的药，是市场反映很好的一个非处方止痛药。但有人用针把氰化钾注射到药片里，结果发生死亡事件。虽然这并不是强生公司的错，但作为公司CEO的吉姆伯克立即登上电视台诚恳地做了一番自我批评。

吉姆伯克说："都是我们的错，我们没有考虑到药瓶子的质量，使得它容易被人打开，我们公司有责任，我向大家道歉。"

紧接着，强生公司立刻采取行动，把所有药店货架上的泰诺全部撤回销毁，并马上研制生产一种非常安全的药瓶，打开就能被察觉，很难再被动手脚。强生公司承诺，大家可以拿老的泰诺来免费换取新的泰诺。

吉姆伯克的这项决定对公司造成将近一亿美元的损失。他表示，等到处理完这次危机他就卸任，然而大家都非常赞赏他的行为，民众也纷纷购买强生公司的其他产品，强生股票随之升值，不到一年时间就挽回了全部损失。

人在成功的时候，总是认为自己是高明的，而很少归结为运气；而出错时，却总是以运气不佳为借口，害怕承认错误，以致故态复萌，下次再犯，再推卸责任……殊不知，错误本身都有其可以借鉴的价值，而只有那些善于从失败中总结经验教训，不怨天尤人的人才能避免重复犯错。

习惯于将过失推脱给他人的人，表面上看他在维护自己的领导尊严，实际上却失去了人心，导致下属与之离心离德，意志消沉，最后只能是使企业受损。

总之，领导者主动承认错误、进行自我批评时所表现出来的大度正直的行为，正是一个好的领导者所必备的素质。它在某种意义上会使已失去的威信得到恢复，乃至强化，以后批评员工的错误时也理直气壮。

6. 敞开胸襟，采纳逆耳忠言

> 都盯在那儿了，我很清醒，我的话一出口，就会覆水难收，产生严重后果。要维系这个团队，我有再多的话，都必须烂在肚子里头……
>
> ——俞敏洪

俞敏洪，毕业于北大，新东方集团创始人。

1916年，蔡元培先生出任北大校长后，以自由、包容为学术方针，实行"教授治校"的制度，并聘请了大量学者前来任教：既有以胡适、李大钊为代表的改革派，又有以辜鸿铭、黄侃为代表的保守派。当时的北大，两边教授思想冲突激烈，《新潮》与《国故》对垒，白话与文言相争，百家争鸣，盛极一时。既消融了北大的封建遗风，又接受了新派思想的精华，可谓是包容万千、胸怀天下。后来许多人都评价说，北大的包容精神便是从这时开始逐步形成的。

对于同一件事物，每个人都会有不同的见解，有时候孰是孰非，难以决断。但在更多的时候，却需要我们敞开胸襟，来倾听他人的看法。这对于一个领导者来说，尤其是在一项决策面前，尤其重要。因为再伟大的"董事长"都不可能是全知全能的"超人"，而唯一能够弥补管理者能力之不足的办法，就是集思广益，察纳雅言。

在新东方，每一次董事会，俞敏洪总是成为首当其冲被批判的"第一人"，对他的批判也好，攻击也好，他统统照单全收。他说："我无数次后悔把这些精英人物召集到新东方来，又无数次因新东方有这么一大批出色的人才而骄傲。因为这些人的到来，我明显地进步了,新东方明显地进步了。"

新东方成员喜欢把"凤凰涅槃""浴火重生"这样的词挂在嘴边,他们要求俞敏洪做蔡元培,兼容并包。王强就曾经哭喊着对俞敏洪说:"我希望你成为蔡元培。"他们批判俞敏洪,就是希望他走出"小农意识",带领新东方一步步向现代化企业迈进,突破自身极限,获得长足发展的最强大的动力。

对于这些"忠言",尽管十分之逆耳,但俞敏洪都欣然接受,因为他知道,一个连员工的想法与意见都听不进去的领导者,如何能带得起整个团队?

作为一个优秀的领导者,用心倾听下属的关于工作的看法,是相当明智且是必需的选择。假如管理者只愿意听阿谀奉承、歌功颂德的话,拒绝别人的劝谏,也许表面上一言堂的现象相当地歌舞升平,实际上人人都想离开,早就离心离德了。

松下幸之助也曾说过,"我每天到办公室里第一件要做的事就是仔细看员工们又给我提了什么样的建议";IBM公司的前任CEO沃森对听取下属的意见和建议"情有独钟",他说:"我从不会犹豫提升一个我不喜欢的人当官。体贴入微的助理或你喜欢带着一起去钓鱼的人对你可能是个大陷阱。我反而会去找那种尖锐、挑剔、严厉、几乎令人讨厌的人……他会告诉你事情的真相……你的成就是无可限量的。"

古往今来,凡是有所建树、有所成就的人基本都是胸襟坦荡者,乐于接受诤言。作为企业领导者,应时刻善于接受群众意见,用宽广的胸怀接受大家的尖锐批评。如此,才能不会错失别人的好心劝诫和提醒,也不会使自己的事业遭遇被搁浅的命运。

著名的"柯达建议制度"的建立，源于20世纪80年代末的一天。那天，柯达总裁乔治·伊斯曼收到一份来自一名普通职工的建议书。建议书中呼吁生产部门将玻璃窗擦干净。就是这样一个看似微不足道的小建议，让伊斯曼看出了其中的意义所在，他认为，这是员工积极性的表现，立即公开表彰，发给奖金。"柯达建议制度"就此建立。

一周后，按照伊斯曼的要求，公司走廊里专门设立了一个"意见箱"，收集员工对公司、对领导者的各种意见。每天下班之前，专职秘书负责将建议送到有关部门审议，作出评鉴。另外，公司设有专门委员会，负责审核、批准、发奖。对不采纳的建议，也要用口头或书面的方式提出理由，如果建议人不服，可由厂方协助进行试验，以辨别该建议有无价值……

仅仅一年的时间，该公司员工已提出建议180万个，其中被公司采纳的有60万个以上。伊斯曼高兴地说："这种建议制度在降低产品成本核算，提高产品质量，改进制造方法和保障生产安全等方面起了很大的作用。"该公司员工因提出建议而得到的奖金，每年在150万美元以上。

无论在什么时候，善于倾听别人的意见都是一件好事。企业家玫琳凯·艾施非常注意从倾听员工的意见中获益，她说："正是因为借着倾听员工的意见，我们才得以发展出顾客真正需要的产品。因此，我们的产品发展和其他没有此种回馈的化妆品不太一样……我们的业务部门会告诉我们'顾客想要这种尺寸的小粉饼''顾客想要这种颜色'等。知道这些需求后，我们的研究发展部门再推出顾客所需要的产品。所以，当我们推出一种新的防水睫毛膏时，它可以满足顾客早先向业务人员表示的需要。"

当然，员工提出的建议未必都是正确、有用的，但领导者的风度就表现在对于那些错误的、无用的谏言之包容力。如果领导者能包容那些错误的言论，那么那些正确的、有用的建议就会从员工的口中说出来，员工的创造力和智慧就能被借用。

7. 以德报怨，拓宽你的人生境界

> 我受了十年的骂，从来不怨恨骂我的人。有时他们骂得不中肯，我反替他们着急。有时他们骂得太过火，反而损害骂者自己的人格，我更替他们不安。如果骂我而使骂者有益，便是我间接于他有恩了，我自然很愿挨骂。
> ——胡适

胡适，历任北大教授、北大文学院院长、北大校长。现代学者、史学家、文学家、思想家。

以牙还牙，以眼还眼，可能是大多数人对待对手最容易采取的手段和方式了。古往今来，由于"睚眦必报"，人类演绎了太多历史悲剧。诚然，许多悲剧性事件的发生具有复杂的原因，但争端无不起源于双方的互不相让和冤冤相报。

但是，如果我们在面对他人的冒犯或是无端仇恨时，能够宽以待人、以德报怨，或许就会避免许多不必要的悲剧。

胡适在北大教书时，有一次，北大学生因为学校派代表去南京聆听蒋介石的训话而罢课。校长蒋梦麟召集全体学生开会，劝学生复课。胡适继蒋梦麟之后发言，苦口婆心地劝导学生，遭到学生们的强烈反对，在台下起哄，要给他难堪。但胡适丝毫不以为忤，让北大学生充分认识到了他"能容"的人生境界。

当时的学生朱海涛记下了这一幕:"就在蒋校长那次召集的学生大会上,我们见到适之先生的气度和他那种民主精神。当时他继孟邻先生(即蒋梦麟)之后上台训话,一开口,台下就起了哄……这些年轻人一直在给他当面难堪,而他始终保持着热心诚恳、恺悌慈祥的声音态度。"朱海涛感慨地说:"这天给我的印象极深,我看到了一个教育家的气度,应当是多么伟大!我也看到了适之先生的'能容'。"

胡适之先生在这里的"能容",或许还可以用另一个词语来表述,即"以德报怨"。面对台下那些极力给他难堪的学生,他依然保持着诚恳慈祥的态度,这是一种高尚的德行。或许当场没有使暴怒的学生安静下来,但事后,胡适的这种态度最终仍是感化了他们。

《三国演义》中,严颜本是巴蜀守将,与张飞是对手,几番陷张飞于绝境,然而张飞在擒拿严颜之后没有将其斩首,而是释放了。张飞的行为感动了严颜,严颜归顺了蜀军,并帮张飞扫平了入川的道路。在现实中,我们每个人都不免遇到张飞的处境,然而又有几个人能像张飞一样以德报怨呢?这就是考验一个人胸襟和气量的地方了。对于领导者来说,是应该有这种以德报怨的胸襟的。当别人伤害你的时候,你不但原谅了他而且报之以德,那么相信任谁都会被你感动,进而为你肝脑涂地。

领导者要时时刻刻提醒自己,在不违背原则的基础上,尽量不要报复别人,要学会以德报怨。同时,以德报怨看似是吃亏,实则后来会有着出人意料的回报。

卡尔是一个卖砖商人,他的竞争对手让他很是头疼。因为对方经常散播关于他的谣言,并极尽诋毁诽谤之能事,告诉其他人:卡尔的

第七章 大肚能容，度量越大成就越大

公司不可靠，他的砖块不好，生意也面临即将歇业的境地。暴怒的卡尔真想上门去跟他决斗。

有一次，对手的谣言让卡尔失去了一份25万块砖的订单。卡尔几乎要气疯了，但就在这时，他听了一个牧师讲道，主题是"要施恩给那些故意跟你为难的人"。听完之后，卡尔的内心有了很深的感触。

不久，卡尔发现自己的一个顾客正因为盖一间办公大楼需要一批砖而发愁，但这批砖所指定的型号不是自己的公司制造供应的，却与那个可恶的竞争对手出售的产品很类似。卡尔的内心挣扎了一段时间，牧师的忠告一直盘踞在他心田。最后，卡尔拿起电话拨到竞争对手家里。

接电话的人正是那个对手，当时他拿着电话，难堪得一句话也说不出来。卡尔还是礼貌地告诉了他那笔生意。

卡尔说："我得到了惊人的结果，他不但停止散布有关我的谎言，而且甚至把他无法处理的一些生意转给我做。"从此之后，卡尔与对手之间的阴霾也逐渐消散了。

要做到不去怨恨，并不是一件简单的事情，毕竟那些人曾经对自己造成过伤害。但是，以德报怨，化敌为友，这却是迎战那些终日想要让你难堪的人所能采用的上策。

无论是在用人方面还是在做事方面，领导者都要将眼光放在主要的问题上面，不要因为一点小事而妨碍了事业的发展。须知瑕不掩瑜，你不能因为芝麻大点的斑痕就扔掉整块和氏璧，想想既然你要用的是一个人的才能，而不是他的过失，总是把眼光盯在他曾经的那些过失上面又有什么道理呢？

因此，作为领导者要有宽广的胸襟和度量，要能够容人之过、谅人之短、识大体、顾大局。如此，才不失为一个优秀的领导者。

第八章

干练果断，领导者有魄力更有魅力

1. 琐事不管，大事拍板

走在人生的路上，我们很容易把正在遭遇的每一件事情都看得十分重要。然而，时过境迁，当我们回头看走过的路时便会发现，人生中真正重要的事情是不多的，它们奠定了我们的人生之路的基本走向，而其余的事情不过是路边的一些令人愉快或不愉快的小景物罢了。

——周国平

周国平，知名北大学子，当代著名哲学家、作家。

现在不少企业领导者都感叹：太忙！总是难以集中时间和精力来思考和处理计划中的事务。比如，常常是本打算到办公室办某件事，结果半路上就被堵住谈另外一件事；好不容易来到办公室，聚集在那里等候指令的人一大帮……日复一日，让人好不劳累。

不可否认，很多企业领导者的能力和眼界远远胜过下属，而下属责任感

第八章 干练果断，领导者有魄力更有魅力

的缺失也是一个普遍令人头疼的问题。但是，当企业发展到一定阶段，比如其经营形态日益多元化，规模也不断扩大，等等，这就直接导致企业领导者无法再做到事必躬亲。如果领导者非要大包大揽，反而很可能会付出一些不必要的代价。

三国时期，诸葛亮鏖战赤壁、三气周瑜、七擒孟获、六出祁山的故事至今仍是脍炙人口。但是，诸葛亮的"事必躬亲"确有可鉴，亦有可戒。

街亭一战，虽然魏延在前线与曹操多年作战，其人也既有经验又有计谋，按理说，诸葛亮授权给他再好不过，但诸葛亮却因对其存有戒心而"违众拔谡"。其实，诸葛亮对马谡也是心中没底，于是不得不亲督大军在后，结果还是因马谡失街亭而败北。

五丈原对峙，旷日持久，士兵中有些松懈，确需整顿军纪，本应授权众将管理部属，可诸葛亮却是"罚二十"以上，皆亲自处理，忙得没日没夜。司马懿闻后断言："亮将死矣。"果如其言，不久，诸葛亮就累死在阵前。可见不善授权，"事必躬亲"，终将累及自我。

如今，虽然我们已经远离了战争，但组织仍然存在。在组织内，领导者就如同一个坐在帐篷里运筹谋划的将军，下属则好比是上阵冲杀的士兵。而如果一个领导者总是事必躬亲、恨不能代替下属亲自上阵杀敌的话，那就犯了管理的大忌。

琐事的缠身导致企业最重要的问题不能够被聚焦。而且，由于事必躬亲，新人难以成长，能人在无法施展拳脚的情况下不愿留下。结果要么是蜀中无大将，廖化为先锋；要么是干脆无人可用，最后不得不更加事必躬亲。这样一个悲剧性的恶性循环就产生了。

美国著名的杜邦公司第三代继承人尤金·杜邦，就是个喜欢事必躬亲、大包大揽的人。他在掌管杜邦公司之后，坚持实行一种"恺撒式"的经营管理模式，自己掌握绝对控制管理权力，公司的所有主要决策和许多细微决策都要由他独自制定。

但是这种绝对式管理，使杜邦公司组织结构完全失去弹性，很难适应市场的变化，在强大的竞争面前，公司连遭致命的打击，濒临倒闭边缘。1920年，尤金终因体力透支而去世。其合伙者也均心力交瘁，两位副董事长和秘书兼财务部长相继累倒。

领导者很忙是无可争辩的事实，究其原因，固然比较复杂，但其中有一条重要的原因，就是他们不懂、不肯、不会授权。他们往往是大权独揽，小权不放，虽然终日"两眼一睁，忙到熄灯"，但由于往往被动应付事情，事业没有起色。相反，一些善于授权的领导者，由于"分身"有术，常常超脱得很，事业也一片火红。

历桑德罗是葡萄牙首都里斯本一家私人导游公司的老板，其手下员工近百名，他的工作就是每天应付数不清的报告和文件，当然这还不包括月会、周会，以及临时到来的客户等。他经常抱怨说自己就是天生的劳碌命，再多长几双手、多长几个脑袋也不够用。

实际上，历桑德罗在公司内的角色是"管家婆"而非领导者。这样的生活让历桑德罗实在是难以忍受，终于有一天，他发起火来，把所有来请示工作的人通通关在门外，把所有无意义的文件抛出窗外。他让属下自己拿主意，不要来烦自己。没想到这一权宜之举却带来了很好的效果，他的工作少了不说，员工的积极性也高了，公司的盈利情况与日俱增。

第八章 干练果断，领导者有魄力更有魅力

这令历桑德罗恍然大悟，原来自己一直在一个不属于自己的误区里徘徊。从此以后，他开始逐步进行授权行动，小事情都让下属自己拿主意，大决定才要亲自督促。这一决策彻底把他解放了，从此以后历桑德罗不但有了读小说、看报纸、喝咖啡、锻炼身体的时间，而且经常能够带着太太出去旅行，生活惬意极了。

有很多领导者不放心把权力委托给下属，这很多是出于"别人谁也不会像我自己做得那么好"的思想，或者是惧怕员工滥用权力，实质上就是不信任员工。一个领导者要敢于授权，善于授权，信任是前提。而不信任、不授权的领导者，是不会得到下属爱戴的。

国内某知名管理杂志曾经以《你最不喜欢什么样的老板》为题向几千位在职人员进行了调查，对调查数据统计之后，该杂志公布了最终的结果：骄傲自大、刚愎自用、不懂得充分授权和信任员工的行为占89%，成为最令员工讨厌的行为，远远超过了对老板个人能力、公司管理、员工福利等各种传统问题的不满。因此可见，一个能够留得住人才的领导者，一定是一个懂得授权的领导者。

因此，作为企业的领导者，必须分清事态的轻重缓急。凡是关系到公司发展和生死存亡的大事，一定要慎重对待，绝不可等闲视之；而对于一些鸡毛蒜皮的小事，就应该让下属按照分工自己去解决。

2. 该做决断的时候就是要狠一点

企业如何渡过经济危机，关键是看企业领导者如何反应，如何去做决策。
——杨思卓

杨思卓，曾任北大汇丰商学院领导力执行主任。

在企业发展过程中碰到问题，处理问题的方法无非是两种表现形态：果断处理与犹豫不决。前者能够及时解决问题，为下一步工作做好充分的准备；而后者既耽误了时间，又失去了做事的最佳时机。正如马丁·科尔所说："世间最可怜的，就是那些做事举棋不定、犹豫不决、不知所措的人。由于他们自己没有主意、意志不坚，以致很难得到别人的信任，也就无法使自己的事业获得成功。"

美籍华裔企业家王安博士6岁的时候，有一天，他外出玩耍，捡到一只嗷嗷待哺的小麻雀，顿生恻隐之心，决定把它带回家喂养。但当他走到家门口时，忽然想起妈妈不允许他在家养小动物。犹豫了一下，他决定把小麻雀放在门口，然后走进屋去请求妈妈。

在他的哀求下，妈妈终于答应了。王安兴奋地跑到门口，不料小麻雀不见了，一只黑猫在意犹未尽地擦拭着嘴巴。

这件事给王安幼小的心灵留下了深深的创伤，从此，他明白了一个道理，也吸取了一个深刻的教训：凡事要当机立断，不能瞻前顾后、犹豫不决。只要自己认定的事，就绝不能优柔寡断。

很久之后，王安在一次演讲中说："犹豫不决固然可以免去一些做错事的机会，但也会失去成功的机遇。"——这就是著名的"王安论断"。

该做决断的时候就是要狠一点，这不仅是每个想要成大事的人所该具备的素质，更是一个领导者的必备品质。唐朝名相杜如晦，以当机立断而著名。每当房玄龄与皇帝商讨国家大事拿不定主意的时候，就会说："此事非杜如晦不能决断！"由此可见杜如晦的睿智头脑与果决手段。

当企业遇上难得的发展机会，领导者必须抓住发展机遇，大胆拍板，果断决策。尤其在经济危机的非常情况下,作为一个企业的领导者更要当机立断,采取果断措施,引领企业度过"严冬",走向"暖春"。因为,优柔寡断、犹犹豫豫向来都是决策的致命伤。

20世纪80年代,日本的存储器以极低的价格迅速占领了全球存储器市场,英特尔被挤出了原本属于它的市场领地。到1985年秋,英特尔已连续六个季度出现亏损,产业界普遍怀疑英特尔是否能继续生存下去。

作为英特尔的大领导,安德鲁·格鲁夫,与董事长摩尔进行了一次认真严肃的单独会谈。格鲁夫问摩尔:"如果我们下了台,你认为新当选的CEO会采取什么行动?"摩尔犹豫了一会儿,说:"或许他会放弃生产存储器。"格鲁夫坚决地说:"为什么我们自己不走出这个怪圈呢?"

最终,格鲁夫说服了摩尔,他力排众议,坚决砍掉存储器的生产,而把生产微处理器作为英特尔的新利润增长点。

到1992年,英特尔在微处理器上的巨大成功使它成为世界上最大的半导体企业。1987年至1997年的10年间,英特尔的年投资回报率平均高于44%。格鲁夫也两度被《商业周刊》评为全球最佳企业领导人。

正是由于格鲁夫的决断才拯救了英特尔。他认为:在一个企业感到自己即将被激流和旋涡吞没时,往往也是企业面临一个新的战略转型的时候。在这时,犹豫不决只会使威胁变得更大,这个时候最需要领导者当机立断。

决断,很多时候就是在面对危机时需要迅速做出判断与决策。但在某些程度上,危机也等于危险加机会,如果利用得好,说不定还能使企业转危为安。

浙江一家经营外贸服装的民营企业,受金融危机影响,订单急速减少、资金回笼缓慢,企业领导者意识到欧美市场已经不能作为企业的主攻方向,而南美、日韩的服装市场却存在很大商机。于是他当机立断,放弃欧美市场,将营销战略转向南美、日韩市场。终于,该企业在金融危机中巧妙地避开了危险,保存了生机——这就是"当机立断可以转危为安"。

每一项决断都是一次选择,选择了所领导的组织的命运。德鲁克在《卓有成效的管理者》一书中写道:"管理者必须经常在实际上不肯定的条件下用肯定的预感发言,缺乏这种品质就会产生严重后果。"

另外,领导者当机立断的决断魄力并不同于长官意志和家长作风。有些领导者总认为自己是正确的,在做决策时也听不进群众的意见,他们主观武断,个人说了算。殊不知,这时他们已陷入了个人意志的屏障,阻碍着自己做出科学的决策,导致了决策的失误。

由此可见,领导者在做决断时,既要胆大心细,又要能准确抓住对方心理,有的放矢,还要有灵活变通的头脑,才能使局面向有利于自己的方向发展。

有时候,员工犯下严重的错误后,领导者就必须立刻执行某种形式的惩罚。因为拖得越久,也越容易使人怀疑你的执行能力,而这种"变相纵容",将会给企业的管理带来诸多不良影响。比如,它会让犯了错误本该受到惩罚却并未受罚者变本加厉,也会让其他人心生不满,继而肆无忌惮地触犯公司制度。

制度的制定要靠魄力,同样地,制度的落实也要靠魄力。当一群员工不好管理时,领导者不妨使用"杀鸡儆猴"的手段来提升自身的威慑力。

  吴王阖闾将孙武召至宫中,要求他用宫女演练并验证其兵法的有效性,孙武欣然接受。

第八章　干练果断，领导者有魄力更有魅力

于是，吴王先从后宫中挑选了上百名宫女，把她们编成两队，让自己的两个爱妃充当队长。在训练前，孙武给她们约法三章，申明了军纪。但这些宫女在平时被吴王宠惯了，根本不把孙武的这些规定当回事，在训练的时候不仅不听指挥，甚至嘻哈打闹。

面对这样的情况，孙武不慌不忙，将两位"队长"从队伍中拉了出来，正襟呵斥道："约束不明，规则不熟，这是我做主将的责任。但法令既然明了士兵却不执行，这就是你们做队长的责任了。"

说着，他一声令下，命人将这两位队长推出去斩首。吴王得知后大惊失色，赶忙跑过来制止。孙武却义正词严地说："大王既然命令我训练她们，我就得严明法令。所定的规矩成了摆设，以后说的谁还能听？"说完便下令斩了吴王的两个宠妃示众，又任命了新的队长，重新操练，这次再没有人敢捣乱了。

很多的团队没有一种凝聚力和纪律感，不是因为它们没有规章制度，而是它们的规章制度没有得到落实，所以才导致了员工们屡屡触犯并且屡教不改。而某些领导，制定规章制度全凭自己的心血来潮，三分热度，转眼又把这些规章制度丢到脑后了——这样的行为要想将手下的组织或团队领导得服服帖帖，简直无异于痴人说梦。

都说领导者要"以德服人"，即要讲究"仁治"，但"仁治"并不等同于领导者的软弱妥协、无条件退让。如果一个领导者始终保持着温文尔雅的风度，对待下属也是采取温和的做法，甚至对他们出现的小错误、小毛病也都睁只眼闭只眼，久而久之，领导者的"刀口"越来越钝，最后会落得谁也不敢批评的下场，而无法再继续领导整个企业。

当企业内部滋生出恶劣风气时，领导者就更加应该强调"法治"，无论是谁，无论有多大的权力，都不能凌驾于公司的规章制度之上，一旦违反了规章

制度，该处罚的也要处罚，该开除的也要开除。

20世纪70年代，伊藤洋货行的董事长伊藤雅俊突然解雇了为其打拼半生、功勋卓著的前总经理岸信一雄。这一事件在当时的社会各界引起轩然大波。在很多人包括舆论界看来，这是典型的过河拆桥、卸磨杀驴的可耻行为。

面对舆论如此猛烈的攻击，伊藤雅俊却很淡定地解释说："解雇岸信是因为他首先违反了公司的纪律，而纪律和秩序是伊藤公司的生命，不守纪律的人，无论他是谁都一定要被处以重罚，即使会因此降低战斗力也在所不惜。"

原来在岸信一雄刚刚加盟到伊藤洋货行的时候，他和伊藤雅俊之间就有非常大的矛盾。比如，他们经常就工作方式和管理方法方面的不同争得不可开交，但由于岸信很有能力，10年间将业绩提升数十倍，因此在矛盾的冲突中伊藤也就没有太坚持自己的想法。

但是渐渐地，岸信的管理方式出现的问题越来越多。比如由于岸信受西方教育影响比较大，故常支用交际费，对部下也放任自流，给企业带来很大的负担；而伊藤雅俊的管理方式则迥然不同，他走的是日本本土的传统、保守路线，一切以顾客为先，以严密的组织作为经营的基础。

然而，岸信的手下却对伊藤的这些规定视为无物。伊藤多次要求岸信管理好下属，但得到的回答却总是满不在乎的一句"我有我自己的方法"。对此伊藤真是厌恶至极，终于在岸信和他的团队因违反公司规定而对一份大订单处理失误后，伊藤将其解雇了。

岸信对于公司的功勋不可谓不高，权力不可谓不大，但纪律就是纪律，一

第八章 干练果断，领导者有魄力更有魅力

旦违反，那么除了对其进行处罚，没有第二条路可走。而在同时，伊藤这种杀一儆百的方式极大地震慑了岸信的下属，此后，公司里再也没人敢漠视制度、我行我素了。

总而言之，领导在用人时，必须该宽则宽、该严则严，关键时刻，不要怕杀鸡给猴看，如此才能维护自己不容撼动的领导者的形象，从而更好、更妥善地领导整个团队或组织。

3.魄力绝对不是专横跋扈

> 在较量中，情绪激动的一方必居于劣势，种种强烈的情绪，愤怒或痛苦的姿态，如果没有观众在场，其中有多少能坚持下去。
>
> ——周国平

周国平，知名北大学子，当代著名哲学家、作家。

曾任北大校长的蒋梦麟先生评价他的前任——蔡元培先生时，这样说："先生日常性情温和，如冬日之可爱，疾言厉色。处事接物，恬淡从容，无论遇到达官贵人或引车卖浆之流，态度如一。但一遇大事，则刚强之性立见，发言作文不肯苟同。"

凡是曾与蔡元培校长共过事的人，提及他无不满含敬仰之情。从另一方面说，这也是他作为北大一线领导者的一大魄力所在。他有着震慑人的领导风范，却从不专横跋扈，这种温和之中又透着强硬的领导手段，让人皆为他那强大的人格魅力所折服。

许多领导者都误解了最重要的一点，他们偏爱独裁，只要手中握有一项权力，就必须要将其发挥到极致，拒绝听从他人的意见，所有的决策都按照自己的意思去做。其实，人们对于权力的占有欲实属人之常情，但若果真如此一意孤行，久而久之只会使自己成为一只孤傲的天鹅，高高在上却完全失去下属的信任。

> 1932年，著名的沃德公司出现了870万美元的巨额赤字。面对这一巨大困难状况，休厄尔·埃弗里临危受命，对其实施一系列大刀阔斧的改革措施。
>
> 埃弗里刚上任，便将一批年轻有为的骨干人员召集起来，并在沃德公司的存货中增加许多高档品，使公司重新进入了时髦商品市场，改进了商品目录，关闭了70家亏损商店。12年后，他已把1931年的870万美元的亏损扭转为1943年的2043.8万美元的盈利。
>
> 但在公司经营顺利时，埃弗里却以铁腕手段控制着沃德公司，不接受任何异己之见，以至于在他任职期间，有3位总经理、24位副总经理和许多其他高级管理人员，都不堪忍受他专横跋扈的态度而先后离开了公司。
>
> 由于埃弗里的独裁，公司很难留住那些能干的精英，导致决策时众人均是缄口不言，最终铸成了公司战略性决策的失误。公司既丧失了发展机会，又在竞争中败北。

企业中，管理者往往掌握着公司大部分的经营权，如果过分地集权却没有监督机制，其结果只能是决策的失误和人心的离散。

"一言堂"并不代表领导力，当"一言堂"不那么响了，下属便会认为"一把手"不硬了，领导班子不得力了，没有主心骨了；只有"一言堂"里板子拍得当当响，人们才觉得这个老板有魄力，才觉得心里舒坦。当公司里无意中形成了这种风气时，必然会对将来的发展与竞争产生不利的影响。

第八章 干练果断，领导者有魄力更有魅力

有人觉得专横是果断的一种表现，其实不然。要知道，领导者下达命令，做出决定都应该符合实际，要指责就必须有充分的理由，威信比权力更重要。那些喜欢将下属管得死死的，对下属吹毛求疵的领导者，并不能从根本上服众，反而很可能还会引起逆反、敌视、报复。只有多给下属发挥的空间，靠自身的威信使人信服，才是明智的做法。

著名的"普华永道（Price Waterhouse Coopers）会计师事务所"是四大国际会计师事务所之一，主要服务领域包括审计、税务、人力资源、交易、危机管理等。目前，普华永道在100多个国家和地区都设有专业团队，对20多个行业进行专业研究，分享其思维成果、行业经验和解决方案，并为客户开拓新视野及提供实用的建议。

谈及普华永道的成功之道，普华永道国际会计师事务所资深合伙人拉尔夫表示，大部分原因来源于善于倾听问题和意见。他说："决策层必须要倾听，而且要养成问问题的好习惯，必须问员工一些问题，让他们给一些反馈，最重要的，还要确保方式是正确的，必须得到一种机制化，才能让员工把创新想法反馈给你。"

拉尔夫还说，倾听员工的想法后，还要理解这些声音意味着什么，如果有非常好的想法，必须要执行下去。同时给这些提供想法的人动力，并不仅仅是物质奖励，更多的是认可、信任和提升。

在海尔的企业文化中有这样一条规定："下属素质低不是你的责任，但是不能提高下属的素质是你的责任。"领导者对企业的管理本身就是一场博弈。领导者越强，公司在管理上出现的漏洞就会相对比较少，反之亦然。而那些优秀的领导者，古有孙武、曹操，近有巴顿、张灵甫，现有马云、张朝阳等，无一不是以"刚柔并济"的领导风格著称。

在一个规模比较大的组织内,如果单靠领导者的独裁式管理,就很容易出现许多没有明确归属的工作,而这些工作如果不能及时处理,就会导致整个组织效率低下,并出现各种各样的冲突和矛盾。所以,要想使一个组织内部的各部门之间工作协调,领导者更多的是依靠民主的力量,而不是做"一个人说了算"的"祖师爷"。

在任何组织内,没有人愿意成为他人独断专行的牺牲品。既然如此,将心比心,作为领导者的你就不要采用独裁的方式管理下属。要知道领导者的魄力绝对不会与专横跋扈挂钩,因为这种方式既不得人心,又没有效率,更不利于公司的长远发展。

4. 在众人争执不休时,要有主见

> 听多数人的意见,和少数人商量,自己做决定。　　——李彦宏

李彦宏,知名北大学子,百度公司创始人、董事长兼首席执行官。

拿破仑说:"凡事必须要有统一和决断,因此,胜利不站在智慧的一方,而站在自信的一方。"决策是一个先民主后集中的过程,这样广开言路获得最广泛的信息,但最终的决定只能自己来做,你要有主见。因为你是公司的领导者,你要做出一个最利于发展的决策,你要对自己的决策负责。

伽利略站在高塔之上,为自己的主见进行震惊世界的实验,两个小球同时落地的实验结果,打破了物理界对亚里士多德的盲从;在撒切尔夫人还是少女的时候,就接受父亲的教育"遵从本心,坚守己见",于是数年之后政坛上出现了以"铁腕"著称的"铁娘子"。

由此我们可以看到,无数明智的成功人士都是有主见的,在众人争论不休之

第八章 干练果断，领导者有魄力更有魅力

时，做出自己的决定。一个领导者的速度决定团队的效率，作为一个企业领导者，一定要以主见为基点，这样才能在自己的人生蓝图上描绘出绚烂的色彩。

《左传》中有这样的记载：

卫国人宁戚隐居在齐国，一次齐桓公外出狩猎，看到宁戚边喂牛，边敲着牛角高歌，颇有大气象。桓公认定他是个能人，打算任用他。

不过，很多臣子都觉得桓公的处理太过草率了，启用一个路人，还是应该慎重起见。他们议论纷纷，对任不任用宁戚争论不休。

有人劝齐桓公说："卫国离我们不远，还是打探一下宁戚的背景吧，大王你要三思而后行啊。"

齐桓公说："你们之所以要去打听宁戚，是怕宁戚有些什么小毛病所以对他不放心。可是，小毛病并不影响什么，如果他有大才，却因为他的小缺点不任用他，这正是世人失去天下贤士的原因。"

随后，齐桓公力排众议，提拔重用了宁戚，让他做了上卿。而宁戚也不负期望，为桓公出谋划策，协助齐桓公走上春秋霸主之路。

邓小平同志说："'骄傲'两个字我有点怀疑。凡是有点干劲的，有点能力的，他总是相信自己，是有点主见的人。越有主见的人，越有自信。这个并不坏。真是有点骄傲，如果放到适当岗位，他自己就会谦虚起来，要不然他就混不下去。"不错，一个随波逐流没有主见的人，什么时候都是盲目跟风，看到别人在一个项目上赚了钱，也毫不犹豫跟在别人后面去淘金，结果钱没赚到，听见别人说什么就认为是什么，而这样的人是不会有大成就、大作为的。

企业管理的道理也是如此，如果一个企业的领导者，在做商业决策时总是人云亦云，盲目跟风，对市场没有独到的眼光和自己的判断，运气好的时候，

也能捡点芝麻小利,要是运气不好,可能还会让公司因为自己糟糕的决策而陷入困境之中。一个领导者,要有自己的主见,就算旁人争论不休,最后也要自己做决定。

堤义明接手西武集团的大权时,还是个刚出道的年轻小伙子。

当时的日本经济发达、工业旺盛,每个人都看好在东京的房地产。当时,西武集团在房地产上有着巨大产业和经营经验,因此很多投资者都认为它必然会以更大的投资力度进入东京的房地产开发中。

但是,年轻的堤义明却做出了一个令人吃惊的决定——"西武集团将撤出东京的房地产业!"

这一决定,让众人都感到迷惑不解,有人开始怀疑堤义明没有领导集团的能力。在集团内部,以官内严、森下重光等人为首的"八大金刚"等大多数人,也纷纷提出反对意见,他们认为,西武集团不应该退出东京房地产业,反而应该投入更大的资金。

但是,就算大家都有异议,堤义明依然坚定他撤出东京地产界的决心。堤义明说:"我已经预测到,东京土地投资的好时机已经过去了。供求要讲平衡,而大家猛炒地皮的结果,只会把正常的供求状态搞得不正常。我认为东京的房产业很快就会出现失衡的大问题。"

一年以后,西武集团的高层管理人员才发现:年轻的堤义明所做出的决定果然没错。这时候的东京地产业开始大规模地崩溃,无数土地投资者在炒卖的旋涡里陷入了困境之中。而真正获得胜利的,正是堤义明这样极少数目光清晰、头脑灵活的领导者。

故事书里,曾有骑驴上街的祖孙俩,因为路人的议论而不断改变自己的交通方式,从骑驴到步行,最后演变成抬驴上街。这个荒唐的故事告诉我们,没有主见、不断被他人左右的人,永远不能成为主宰命运的强者,相反,会沦为众人茶余饭后的笑料。

主见,这是身为一个企业领导者所必备的素质,领导者就要勇于坚持自己的决策,看准了就大胆地去执行,必须立足自身,选择适合自己条件的项目,不盲目、不从众,才能独树一帜,带领企业在激烈的商战中脱颖而出。

当然,这里的主见,是一个人风度智慧的体现,它不是固执己见、一条路走到黑,更不是人云亦云、盲目从众。可以说,拥有主见者,在一定程度上也就拥有了通往成功的法门。

5."多谋"更要"善断"

谁说"机会面前,人人平等",我相信,个人奋斗制胜,攫取成功的精神财产将永远贫富不均。
——俞敏洪

俞敏洪,毕业于北大,新东方集团创始人。

美国思科公司总裁约翰·钱伯斯说:"不是大鱼吃小鱼,而是快的吃慢的。"这就是著名的"快鱼法则"。在这样一个竞争日益激烈的生存环境下,速度才是硬道理,只有多谋是不够的,还要学会善断,拥有当机立断的决策魄力才能引导事业的成功。"当断不断,反受其乱",一个良好的决策,是不能一拖再拖的,它需要在有效的时间、地点内完成,否则,机不可失,时不再来。

多谋善断的决策魄力是每一个优秀的领导者必备的能力。善于足智多谋,善于当机立断,才能在复杂多变的情况下应付自如。一个缺少谋略的人,不可能成就大事,同样,缺乏果断品质的人,在做决定时往往犹豫不决,遇事优柔寡断,在做出决定之后,又不敢放手去做,同样只能坐失良机。

郭嘉刚开始在袁绍麾下做事时,就看透了袁绍这个人,觉得袁绍"多端寡要,好谋无决",且"未知用人之机",认为"欲与共济天下大难",而"定霸王之业"更是难上加难。于是,郭嘉果断地弃袁绍而去,投奔了曹操。从此,郭嘉协助曹操南征北战,谋划帷幄。

当年,曹操"征吕布,三战破之",曹操担心占领豫北的袁绍乘机进攻许昌,"欲引兵还"。不过,郭嘉认为,袁绍这个人多端寡要,一定不会进攻许昌。于是,郭嘉劝曹操"急攻之",一鼓作气打败吕布。曹操采纳了郭嘉的建议,乘胜攻击"遂擒布"。

公元199年,袁绍率十多万人南下官渡与曹军对峙,大战一触即发。与袁绍决战,还是退守许昌?曹操举棋不定,难下决心。郭嘉分析了形势,认为"策新并江东",但仍危机四伏,若刺客伏起,"必死于匹夫之手"。所以,郭嘉劝曹操下决心与袁绍决战。不出郭嘉所料,没多久,孙策"果为许贡所杀"。

曹操说郭嘉"每有大议,临敌制变,臣策未决,嘉辄成之。平定天下,谋臣为高"。郭嘉中年夭折,曹操失去一个谋臣,哀痛至绝。

多谋善断,谋是基础,只有多谋才能善于断,要善于思考,善于与各种人,包括与自己意见相反的人商量问题,听取各方意见。作为一个企业领导者,不仅要听赞同的意见,还要听反对的意见,不仅要看到顺的一面,更要把最坏的一面估计到。相反,如果在讨论和决策的过程中武断专横,在当今激烈的市场竞争中,只能被淘汰。

多谋善断,谋的目的就是为了断。在听取各种不同意见的基础上,更重要的是,作为一个领导者,要善于把来自各方面的正确意见集中起来,做出正确的判断和选择。只有多谋善断才能抓住稍纵即逝的机遇,各项工作也才能取得

第八章 干练果断，领导者有魄力更有魅力

事半功倍的效果。如果一个领导者，在机遇面前优柔寡断，他必然会与机遇擦肩而过，最终在激烈的市场竞争中被淘汰出局。

当然，这个善断，不是冒失或轻率，是经过了深思熟虑，充分估计客观情况之后才迅速做出的有效决定，果断是建立在谋略之上的。一个高明的领导者，会集中一切资源及所有的时间和精力，去做那些最重要的事情。时机不等人，做事的速度是我们成功的关键。因此，如果你想要成功，那么你不仅要多谋，更要学会善断，去做一条快鱼，才能永远吃慢鱼，才能取得事业上的成功。

6. 不要总是期待"万事俱备"再动手

一个不曾用自己的脚在路上踩下脚印的人，不会找到一条真正属于自己的路。
——周国平

周国平，知名北大学子，当代著名哲学家、作家。

古人说，"万事俱备，只欠东风"。可是很多时候，我们万事俱备了，期期艾艾地盼着东风的到来，但事与愿违，东风偏偏迟迟未到。

其实，成功的机会，并不是等来的，而是创造出来的。培根说："善于识别与把握时机是极为重要的。"只有三分成熟的机会，也同样是转瞬即逝的机会，一旦失去就不再来，机会只垂青于那些有勇气在第一时间抓住它的人。

几十年前，因为美国《纽约时报》一则对全美每年接受的信息量翻了一番的预测的信息，让16个美国人都同时萌发了创办一份文摘性刊物的念头。

他们都有前瞻性的眼光，在不到3个月的时间里，这16个美国人都陆续领取到了执照。

不过,当他们办理发行手续时却被告知:"该类刊物至少要等到第二年选举过后才能允许代理。"于是,其中15人递交了暂缓执业的申请,选择了观望和放弃。

只有一位叫德威特·华莱士的年轻人没有放弃继续努力。他和未婚妻一起糊了2000个信封,装上了征订单在邮局一并寄了出去。

从此,这个叫作德威特·华莱士的年轻人创办的《青年文摘》风靡世界,至今拥有1亿人的广泛订户,拥有19种文字、48个版本,范围达100多个国家和地区,年收入5亿美元。

拿破仑·希尔说:"不要等待,时机永远不会成熟。"莎士比亚曾说:"好花盛开,就该尽先摘,慎莫待美景难再,否则一瞬间,它就要凋零萎谢,落在尘埃。"因此,只有看准时机,抢占先机,才能获得最大的回报。

相反,面对机会,很多人都想要等到时机成熟再出手,没想到因为自己的一拖再拖,而错失了良机。准备好了一切,他们守株待兔,等着"东风"来了好开始行动。殊不知,永远没有万事俱备的时候,徘徊观望是我们成就的大敌。作为一个企业的领导者,千万要吸取这样的经验教训,不要对面前的机会没有信心,在犹豫之间让它消失不见。

美国有一个布鲁金斯学会,该学会创建于1927年,以培养世界上最杰出的推销员著称于世。它有一个不成文的规矩,学员毕业时,都会设计一道实习题,让学员去完成。小布什当政期间,他们的题目是:请将一把斧子推销给小布什总统。

许多学员都知难而退,然而,一名叫作乔治·赫伯特的学员却做到了,并且没有花多少工夫。

第八章 干练果断，领导者有魄力更有魅力

一位记者在采访他的时候，乔治·赫伯特说："我认为，将斧子推销给总统是完全可能的。总统在德克萨斯州有一座农场，于是我给总统写了一封信，我说，总统先生，我有幸参观您的农场，发现里面长着许多矢菊树，有些已经死掉。我想，您一定需要一把小斧头，但是从您现在的体质来看，这种小斧头显然太轻，因此您仍然需要一把不甚锋利的老斧头。现在我这儿正好有一把这样的斧头，它是我祖父留给我的，很适合砍伐。假若您有兴趣的话，给予回复。"

乔治·赫伯特接着说："最后，总统给我汇来了15美元。"

乔治·赫伯特成功后，布鲁金斯学会把刻有"最伟大推销员"的一只金靴子奖给了他。这是自1975年该学会一名学员成功地把一台微型录音机卖给尼克松以来，又一名学员成功登上如此高的推销门槛。

当世界各地的人们知道乔治·赫伯特的故事后，很多人纷纷搜索布鲁金斯学会，他们发现，这个著名的学会的网页上贴着这么一句格言：不是因为事情难办，我们才失去自信；而是因为我们失去自信，有些事情才显得难办。

居里夫人说得好："弱者等待时机，强者创造时机。"真正聪明的人还会创造机遇，面对一个不十分成熟的机遇的时候，一个成功人士会全力出击，把一个三分熟的机遇变成一个十分熟的良机，从而获得成功。

一个人的成功有偶然的机会，但是面对机遇，只有做好准备的人，才会去抓住，没有做好准备的人，只会认为机遇不成熟，只会瞻前顾后，不敢行动。

由此可见，果断出击是一切成功人士的一贯作风，而守株待兔是平庸之辈的共性。作为一个企业领导者，一定要学会当机立断，面对三分熟的机会，该出手时就出手，不要等着遥遥无期的"东风"，这样才能抓住成功的机会。

7. 现在就行动

> 单是说不行，要紧的是做。　　　　　　　　——鲁迅

鲁迅，中国著名文学家、思想家，曾任北大讲师。

很多人喜欢做计划，可以把计划表做得漂亮美观，但是执行起来，很少人能够干脆利落，他们常常缺乏行动力，畏首畏尾。拖延等于死亡，再好的计划不执行，都是一纸空文，导致现实与理想的背道而驰。要知道，只有具备了立即行动的习惯，才会成为时代的弄潮儿，带领我们走向成功。

卡耐基说："没成功之前要做与成功有关的事情，成功之后才可以做自己喜欢的事情。"正所谓机不可失时不再来，机会来得快，去得也快，如果你稍做犹豫，就会永远失去它。

相反，对于成功人士来说，他们的快速决策和大胆使他们受益颇多，不仅渡过了难关，还带来丰厚的报酬。做一个果断干脆的领导者，镇定自若审时度势之后，该出手时就出手，带领团队赢得最终的胜利。

李晓华是香港华达投资集团董事局主席，他的创业经历充满传奇，是中国拥有法拉利的第一人。

1988年，一条"中国生产的101毛发再生精在日本市场上的价格一路上扬"的消息，引起了李晓华的注意。

凭着对商机敏锐的判断，李晓华认为这绝对是一个不可多得的好机会。说干就干，他在短短一月的时间里与"101毛发再生精"的发明者赵章光结成朋友，顺利地得到了生发精在日本的经销权。

第八章　干练果断，领导者有魄力更有魅力

于是，李晓华垄断了"101"在日本的代理权，以10美元一瓶的优惠价进货，然后以80美元一瓶在日本抛售，获得了巨额利润。

现在就动手，这句话是一个最惊人的自动启动器。不要让瞻前顾后害了你，犹豫是人性的一个弱点，不仅会偷走你的机会，而且会浪费你大量的时间和精力。要知道，站在河边待着不动的人，永远不会渡过河到彼岸去。作为一个企业领导者，平时要培养自己办事干脆利落的习惯，无论什么事情，不行就是不行，要做就坚决做、立刻去做，不要犹犹豫豫拖泥带水，这些都无益于企业的管理。

人们犹豫不决的原因，就是怕犯错。但是越犹豫就越恐惧，就越容易犯错。所以假如你下定决心，就搏一把吧，现在就动手，优柔寡断只会破坏你各种进取的机会。

20世纪的某个夏天，当鲜乳销售淡季已过，旺季开始，各鲜乳厂商休战之际，台北的味全公司却突然投资1200万元，推出"买鲜乳送名车"活动，引来了人们的广泛参与。

其他商家对此十分不解，因为每年的11月至次年4月是台湾鲜乳销售的淡季，许多乳品行业会在这几个月进行一场价格大战。但是，现在是旺季，为何要进行促销活动呢？

原来，这一次促销活动，是针对公司半加仑装的家用鲜乳，味全公司想进一步扩大其市场占有率。但是，公司领导者考虑到，在淡季各厂家纷纷出招，自己的促销不会取得最好的效果，现在是旺季，正是自己攻占市场的好时机。

虽然，当时的味全公司在准备上做得并不充分，但是如果不立刻行动，反而延误时机。果然，味全公司做到了，因为管理层果决的策

略，他们占领了台湾市场。

要想成就事业，必须学会该出手时就出手，拿出果决的勇气，这种力量会让你在商战中，获取最早的商业机遇，使你受益无穷。说干就干的人，做事不拖延，他们的生活需要像莱特所形容的那样："骑着一辆脚踏车，不是保持平衡向前时，就是翻覆在地。"这些说干就干、果决的人，激发了自己最大的潜能，让自己在预期内完成目标。

爱默生说："紧紧追踪四轮车到星球上去，要比在泥泞道路上追踪蜗牛行迹更容易达到自己的目标。" 一个企业领导者，要想成功，就要拥有说干就干的魄力与勇气，先给自己设定一个切实可行的目标，坚决果断地把握战机，该出手时绝不手软，这会让你无往不利。

第九章
内敛谦和，低调为人更接地气

1. 才华不逞，方有任重道远的力量

在研究学问时，则必须有谦虚的态度，应知自己在知识的海洋中只能涉足于一二小小的角落而已。因此，研究学问，一方面要能独立思考，不受古往今来任何成说的束缚，另一方面要有谦虚的态度，承认自己学识寡浅。既要有创新的勇气，又应自视歉然、深感自己的不足。

——张岱年

张岱年，曾任北大哲学系教授。

蔡元培一生好学，涉猎甚广，满腹经纶，但仍不觉得满足，也从不在人前显摆。年近70岁时，他撰写了《假如我的年纪回到20岁》，自述平生读书兴趣及遗憾："我若能回到20岁，我一定要多学几种外国语，自英语、意大利语而外，希腊文与梵文，也要学的；要补习自然科学，然后专治我喜爱的美学及世界美术史。"

冯友兰曾评价蔡元培"一介寒儒,书生本色";罗家伦赞誉蔡元培"千百年后,先生的人格修养,还是人类向往的境界"。

《菜根谭》有言:"君子之才华,玉韫珠藏,不可使人易知。"说的便是谦虚之德。君子的才华应如珍珠美玉般深藏不露,绝不轻易在人前卖弄炫耀。古人称这种谦德为:"水藏珠而川媚,石韫玉而山辉。"

无论对于哪个人来说,有才华都是好事,它能在一定程度上提高一个人的身价。但是,并非每个人都大度到真心实意称赞并爱惜你的才学,要知道,时时处处显露才华、显山露水,不是智慧的行为,它只会招致嫉妒和打击。

三国时期,杨修投曹操门下,此人耳聪目慧,有过人之才。有一回,曹操观看新造的花园时,不置褒贬,只取笔在门上写一"活"字。杨修说:"门内添活字,乃阔字也。丞相嫌园门阔耳。"于是翻修。曹操再看后很高兴,但当得知是杨修析其义后,内心已忌妒杨修了。

又有一日,塞北送来酥饼一盒。曹操在盒上写"一盒酥",杨修看见,取来与众人分食。曹操不解,杨修答说:"你明明写'一人一口酥'嘛,我们岂敢违背你的命令?"曹操听后虽然笑了,内心却十分不满。

一日曹操睡午觉,把被子蹬落地上,有一近侍慌忙拾起给他盖上。曹操跃起来拔剑杀了近侍。不久他起来后,假意问谁杀了近侍,得知实情后痛哭一场,命厚葬之。因此众人都以为曹操梦中杀人。只有杨修知曹操的心思,于是便一语道破天机,令众人大为惊恐。

杨修的才识在曹操面前显露无遗,这令曹操十分忌恨,终于在一次作战中,以"扰乱军心"为由砍了杨修的脑袋。

才子杨修之死令不少人扼腕,但却也给我们敲响了警钟。

第九章　内敛谦和，低调为人更接地气

第一，在人前不可露尽才华，尤其是在一个嫉贤妒能的人面前。当然，若是你能遇上一个惜才之人，那就另当别论了。

第二，永远不要轻易当面揭穿他人的谎言。撒谎之人必有难言之隐，或是有着不可告人的秘密，只要无伤大雅，或是不危害到你的个人利益，那就不要去当面拆穿，如若不然，那么等待你的就是伺机报复了。

对于一个领导者来说，赢一时不叫赢，赢一辈子才是真正的赢。要做到此，说话做事、待人接物等方面都要恰如其分，不能走极端。因为一旦你总是显得比别人聪明，这就等于否定了他人的智慧和能力，打击了对方的荣誉和自尊心，这样一个过分张扬的领导者，也很难得到他人认同。

《神雕侠侣》中有句经典台词："重剑无锋，大巧不工"。说的正是杨过手中的那把玄铁重剑，外形很不起眼，却是真正的神兵利器。金庸的小说往往或多或少地含有一些儒家的"仁"味，正所谓"得仁者，得天下"，上善若水，厚德载物，仁者看似弱不禁风，却充满着精神的力量。重剑也是一样，虽然无锋，却是天下最厉害的利器。

在生活中，你也可以把重剑当作衡量一个人品性的尺子，表面的光鲜并不能代表什么，内涵才是重点。有许多人虽然学识渊博，但从不喜好卖弄、夸夸其谈，而就是这样的一个谦虚形象，往往能得到众人的一致好评。

在Google的应聘考试中，有个学生几乎得了满分，但面试时却露出了让人难以忍受的傲慢。比如，他一见到美国来的工程师王昕，就对她说："我真不敢相信你这么年轻！你看上去好小！我觉得你才18岁！"

这倒不是特别严重，最让人无法接受的是，他答错一个问题之后，竟然恼羞成怒地对面试官说："你以为你很厉害吗？我来出个题给你做！"

李开复说："这样的不谦虚，很难让我们相信他以后可以和团队

愉快合作。我们想也不想就把他拒绝了。"

李开复的十句箴言中第一条就是:"自信不失谦虚,谦虚不失自信。"在与大学生谈自信的时候,李开复告诉大家:人可以自信,但是自信一定要有个度,自信过头了,把自己估高了,就会变成自傲,就会适得其反,很容易栽跟头。

有些人常常因光彩的事物迷失了方向,恃才妄为、高傲自大,结果输掉了自己。谦虚的人才能"苟全性命于乱世",才会有虚怀若谷的度量,才能在此间不断学习、不断进步,也才能让人愿意亲近。

在第二次世界大战之后,因为丘吉尔有卓越功勋,在他退位时,英国国会打算通过提案,塑造一尊他的铜像放在公园里供游人景仰。但丘吉尔却谦逊地拒绝了。

总而言之,时时谦逊者,常常能获得别人的信任与尊重,这就好比海绵容易吸水一样,一个人展示出的谦逊能在无意中吸收到很多人发自内心的、由衷的好感。故君子要聪明不露,才华不逼,才有任重道远的力量。

2.居功至伟,仍需夹着尾巴做人

大智者必谦和,大善者必宽容。唯有小智者才咄咄逼人,小善者才会斤斤计较。

——周国平

周国平,知名北大学子,当代著名哲学家、作家。

胡适就任北大校长后,雄心勃勃,称"既已做了北大校长,就希望做它十年八年,以求能做出一些成绩来,否则对不起北大,对不起自己。"他的目标就是"一心一意把北大办成具有国际地位的大学"。

第九章　内敛谦和，低调为人更接地气

后来，北大在他的领导之下果然取得了显著成绩，而他这个一把手却表现出了令人意想不到的低调与平和。据好友邓嗣禹回忆，胡适在任北大校长时，校长办公室就几乎等于教职工的俱乐部，全校教授皆可进见校长，不必预约时间。

有一回，邓嗣禹去造访胡适，"一进室内，工友照例倒茶，其中已有数人在座，彼此随便谈天，开玩笑，胡适亦参加闲谈，并略言及徐志摩跟陆小曼的恋爱故事。"邓嗣禹看到此番场景后，莫名其妙，觉得校长办公室"就好像香港广东饮茶的地方"，然后深叹胡适作风之平和民主，待人接物全然无一校之长的架子。

有许多人一朝得势，便开始无法无天、不可一世起来，大有"天下之大，唯我独尊"之感。这样高调耀武扬威的行为或许能满足一个人心理上的虚荣，却无法真正获得他人的认可与尊重。古往今来，多少居功至伟的人因为不知道收敛，而最终落得一败涂地的下场。

韩信跟随刘邦打天下，多年鞍前马后，立下汗马功劳。比如，楚汉之争中，献计明修栈道，暗度陈仓，平定三秦；之后又在京索之战、安邑之战、井陉之战、潍水之战、垓下之战等诸多战役中发挥了重大作用。连司马迁都高度赞誉他说：汉朝的天下，三分之二是韩信打下来的。

但是，功高震主，本来犯了大忌，再加上他又不能谦退自处，看到曾经是他的部下的曹参、灌婴、张苍、傅宽等都分土封侯，与自己平起平坐，心中难免忿忿不平。时常给人脸子看不说，他还屡屡提起当年之勇，言下之意是如今圣上亏待了自己。

而樊哙则不一样。出身于勇将的樊哙，又是刘邦的妹夫，每次韩

信访问他,他都是"拜迎送"。但韩信一出门,他就会非常不屑地说:"我今天倒与这样的人为伍!"

最终,韩信败给了自己的居功自傲、高调炫耀,而樊哙深得刘邦重用,封舞阳侯。

做人要知好歹、懂进退,不能仗势自傲、目中无人,如若不然,韩信的前车之鉴就摆在眼前,曾一度令多少人扼腕叹息。

即使一个人在一件事情的处理上再有功劳,再功德无量,也不能因此摆出高人一等的架子来。尤其是作为一名领导者,如果总是爱表现自己,总想让别人知道自己很有能力,处处想显示自己的优越感,以为这样就能获得他人的敬佩和认可,其实结果只会在人群中失掉威信。

三国末期,西晋名将王浚率兵灭了东吴,使得国家统一。岂料竟被安东将军王浑以"不服从指挥"为由定罪。好在晋武帝司马炎宽宏,不仅没有治他的罪,还奖励了他。

但王浚却咽不下去这口气,虽然王浑所说的"不服从指挥"确有其事,但那也是形势所逼,再说,这仗不是打胜了吗?功大于过,也不该受到惩处。每每想到这里,他就愤恨不已。

因此,他数次觐见晋武帝,一再陈述自己伐吴之战中的种种辛苦,以及被人冤枉的悲愤。说到激动处,连皇帝在跟前他也毫无顾忌,大骂群臣。而在此时,虽然大家不与他起正面冲突,但却不约而同疏远了他,甚至对他的战功也表现出不屑的神态。

有个叫范通的亲戚实在看不下去,对他说:"足下的功劳可谓大矣,可惜足下居功自傲,未能做到尽善尽美。"并说,"此次大战告捷,乃是诸位将帅的共同努力,你有什么功劳可夸?就算你带兵有功，却也不能处处感到高人一等，因为没有任何人甘愿做你的绿叶。"

不可否认，每个人都希望展现自己美好的一面给别人，人们的这种喜欢表现自己的心理，就像孔雀喜欢炫耀美丽的羽毛一样正常。但是，如果你过于高调张扬，得到的不是他人的敬重，反而是不屑与讥诮的眼光。

收敛是一种人生态度，是一种人生境界。懂得收敛的人才会胜不骄，败不馁。总之，身居高位的人，如果不能保持低调做人的本色，就会与大多数人产生距离感。真正有素养的领导者总是高深莫测，不显山露水，而是默默耕耘，甚至在成功以后也不会过分张扬。从这一点来说，地位越高的人，越应该保持低调做人的心态。

3.可以聪明，但不要处处显得聪明

> 与人交往的时候，多听少说。
> ——俞敏洪

俞敏洪，毕业于北大，新东方集团创始人。

曾有西方学者这样评论北大教授辜鸿铭："这个怪人，谁能跟他比呢！他大概在娘胎里的时候就开始读书了。他开口老庄孔孟，闭口歌德伏尔泰，没有一件事不能让他反驳你。别瞧他脑袋小，里头装的书比大英博物馆的图书还多几册呢！"

辜鸿铭以"聪明""博学"而闻名海内外，但他自己却不以为然，不仅不显摆自己的能力，有时还能故作"蠢"一把。有一回，辜鸿铭在英国乘巴士时倒拿着一份报纸看得津津有味，几个当地乘客用英语

笑话他:"这个大老土,把报纸都拿倒了,还装模作样!"

辜鸿铭等他们笑完,不慌不忙地用流利的英语说道:"英文这玩意儿太简单,不倒过来看,还真没什么意思!"这句话令那几个人大跌眼镜,一时难堪不已。

世上聪明者众多,能过"愚"字关者甚少,大智者往往大愚,但仍有许多人不明白其中的道理。其实,一个人聪明没有错,但如果处处显示自己的聪明就不明智了。

真正聪明的人不会时刻以"聪明"自诩,而是揣着明白装糊涂,一个人能做到如此,也是一智者了。有句话叫"小事装糊涂,大事不糊涂",实际是揣着明白装糊涂。这其实来源于历史上的一个典故:

北宋名相吕端,在当时人们眼中是典型的"糊涂蛋"。比如,有大臣在太宗面前告他恶状,人们都劝他赶快去找皇帝解释时,他却不以为然,而是说:"我又没有做什么对不起人的事,在意这些做什么?"这种心态曾一度被人认为是"糊涂"。

如此这般的"糊涂"事还有很多,但吕端却是个很能干的人,真正使他光耀史册的,还是由于他的"大事不糊涂"。

在太宗病危的敏感时期,吕端每天都陪着太子(真宗)到太宗床前探望。当时得宠的宦官王继恩担心太子继位后对自己不利,就先串通好了皇后,再暗中勾结了参知政事李昌龄等人,图谋拥立楚王赵元佐(太宗长子)为君,一场宫廷政变在紧锣密鼓地展开着。

果然,太宗一咽气,皇后马上就派王继恩召见吕端,逼着吕端同意立楚王为君。然而,吕端却一改往日的谦和,死也不答应。而且在这时,谋变的关键人物王继恩已经被吕端派出的人控制了起来。接

第九章　内敛谦和，低调为人更接地气

着，他趁热打铁，率领大臣共同保太子继位。

宋真宗登基后，垂帘接受群臣的朝拜，吕端却不拜，先走过去确认是太子，这才降阶，率群臣拜呼万岁。此足见其大事之精明到何等地步。接着，他又把那几个犯上作乱分子发配到外地，彻底平息了这场争端，确保了大宋最高政权的顺利交接。

吕端一生经历了北宋的三代帝王，在40年的宦海生涯中几乎没有受到什么冲击，最后软着陆得以善终，这在"伴君如伴虎"的封建王朝中着实不多见。后人有对联褒奖之——诸葛一生唯谨慎，吕端大事不糊涂。

在今天，聪明者芸芸，能做到守拙者却少之又少，领导者亦如是。许多领导者为了能控制住下属，拼命在员工面前卖弄自己，结果不仅没有如愿赢得敬畏的目光，反而还在自作聪明上丧失了在下属中好不容易树立起来的威望，实在得不偿失。

马云曾跟人讲过一个有关"聪明"的故事："这个世界上小聪明的人很多。有一次我在上海五星级波特曼酒店宴请一位重要客户，当时一位很高很帅的服务员小伙子端着盘子进来，看到我说，啊呀我认识你，我用你们阿里巴巴的支付宝分期付账，仔细算了一下，可以省下一毛二分钱的利息呢。当时我就想，这种人就是太小聪明了，如果今天他不这'聪明'算计，也许已经是总经理了。"

马云说，其实最愚蠢的人就是那些认为自己聪明的人。他以前跟同事玩过当时很流行的"杀人游戏"，当时同事串通好让他做"杀人者"，表面上大家还装作不知道，看他一个人在那自鸣得意地表演……就是那次出丑让他明白了，永远不要把别人看作傻子。其实员工不会因为你不懂而看不起你，但会因为你说和做不一样而轻视你。

当年阿里巴巴刚刚起步时,很难招到员工,马云开玩笑说,"是把大街上能走路的都招进来了"。后来这些人中很多"聪明人"离开公司去创业,真正成功的也没几个,倒是一直留在公司"没地方去的那些不聪明的人",随着互联网的迅猛发展,收入越来越高。所以马云感慨说,有时候小聪明还真不如傻坚持,守得住寂寞才能成器。

本田汽车公司总裁曾被问到这样一个问题:为什么公司里两位资历相近的人,一个升到高级主管,而另一个却时时受人排挤呢?本田先生回答说:"与个人品质有关。"他接着又解释说,"前者一定平易近人,是个自信而不自负的人,而后者恰恰没有这点。"

自以为聪明,并且处处耍小聪明的人往往得不到好结果,反而会受尽嘲笑。当然,如果遇上那些明明没有多少能耐却逞强好胜、好大喜功、目中无人之徒,就不需要再以"愚蠢"形象示人了,拿出自己的聪明功夫来,杀杀他们的锐气,刺刺他们无比强大的虚荣心,不失为痛快之举。

4. 承认错误,不找托词

> 我这人一生值得批判的地方太多,学术上的观点也常引起争论和批评,有些批评确实给了我帮助。一个人的缺点是客观存在的,自己不说,生前别人客气,死后还是要被人说的。
> ——朱光潜

朱光潜,著名文艺理论家、教育家,曾任北大教授。

1938年2月9日是蔡元培70岁生日,上海各界人士在国际饭店为他祝寿。蔡元培在答谢词中说:"我到了70岁,就觉得过去69年都做错了,要我再活几

第九章 内敛谦和，低调为人更接地气

年，无非要我再做几年错事。"一番风趣之言，令人大笑不已。

蔡元培的这番话不仅仅是为了活跃宴席气氛而说的，同时也是他内心思想感情的真实写照。人非圣贤，孰能无过。蔡元培竟能开诚布公坦陈自己的过错，着实令人佩服。

说起"承认错误"，很多人都第一时间想到的是难堪。其实，在人们看来，道歉并非自贬人格，更不是示弱服软，它是一种道义上的担当，是一个人自身涵养的体现。特别是对于身居高位的领导者来说，更是有着非凡的意义。

春秋战国时期，秦穆公为了向东扩张势力，派三员大将带兵偷袭郑国。有谋士前来谏言："两国相距甚远，我国士兵肯定在未到郑国时就已疲惫不堪，哪里还有力气打仗？况且，浩浩荡荡大军去偷袭，郑国又怎能不会察觉，又怎会没有准备呢？"

但是一心败郑的秦穆公没有听取谋士的意见，执意为之。

果然，郑国商人弦高在途中遇到秦军，得知秦军要攻打郑国的消息时，暗地里派人急速报于郑国，并劝说秦军退兵。

秦军的三员大将听到弦高的劝谏之词，思前想后，觉得胜率不高，于是开始撤退。但是在归途中，晋军前来偷袭，本来就很疲惫的秦军全军覆没，三员大将也被俘虏了。

当秦国三员大将历经千难万险，逃命回到秦国时，还很担心败战将受到秦王的处分。谁知郊外三十里处就见秦穆公披着孝衣前来迎接，并哭着说都是自己的错，不听谋士的建议，才落得如此下场。

秦穆公的这一举动感动了在场的所有人，大家非但没有埋怨他的错误决策，还发自内心地向这位主公表忠心。

秦穆公的错误是显而易见的，但是他也完全可以将责任推到三员大将中途

撤军的过失上面。但是他没有，作为一个领导者，他第一时间站出来承认了错误，威信没有因此受损，反而让将士们更加信赖、尊重他。

当一个人有了承认错误的勇气，其本身就具有了一种高贵的品质，因为，并不是每个人都能做出在众目睽睽之下向他人致歉的举动。认错不会让你丢面子，反而会为你带来更多。比如，历代"下诏罪己"的君主，更增贤名；蔺相如能够"相忍为国"，固然赢得后人尊敬，但廉颇勇于认错，登门"负荆请罪"，同样流芳千古；美国总统罗斯福曾当众坦承自己因一时不察，使通过的议案有判断失误之处，结果赢得更多人的尊敬……这就恰到好处地印证了古人那句话："君子之过也，如日月之食焉。过也，人皆见之；更也，人皆仰之。"

马云认为，企业领导者应做到勇于承担责任，敢于承认错误，善于发现人才。不愿意承担责任的人，永远不可能成为领导者。一旦出现问题，领导者大胆地说"是我的错"，而不是说"都是你"，这一点对于一个创业团队来说是非常重要的。

马云有一个著名的CEO理论："平时你不是CEO，只有在两种情况下你是CEO，一是在你做决定的时候，二是在你犯错误的时候。CEO犯错误的时候要敢于承担责任，而不能说成功的时候就是我一个人的功劳，失败的时候是你们执行力不行。"

2001年是"互联网的冬天"，在那年的亚洲互联网大会上，马云说："我特别惭愧这两年我犯了无数个错误，但是我承认我就犯了那么多的错误。"

马云简单的一句话赢得了台下热烈的掌声。事后，他回忆说："没有想到台下所有的人一起为我鼓掌。有一个人说'互联网的冬天'没有人承认自己犯错误，如果你承认自己犯错的时候，我相信你的同事、你的员工会对你表示尊重,因为人不怕犯错误,就怕不承认错误。"

在马云看来,承认错误并不是什么丢人的事。马云每年都会定下一个看似不可能的目标,在《新闻会客厅》栏目中,主持人问他如果这个目标大家都知道了,阿里巴巴却没有实现怎么办?马云很大方地表示:"我错了,承认错误又不难为情。"

领导犯错敢于承认这无疑是给下属树立了一个典范,正所谓"小错不掩大德",这样一来手下的人犯错了,他们也会愿意站出来一并承担责任。如此行事无疑给了大家一个信号,敢承认才是有担当的表现。

无论是一个企业,还是一个创业团队,都需要一个好的领导者,他可以不懂得专业知识,但是一定要懂得承担责任,知道什么时候应该做出什么样的决策。领导者的决策不仅会影响员工的观念,还可能影响整个企业的发展。

5.假装笨拙是一种生存策略

凡是有大成功的人,都是有绝顶聪明而肯做笨功夫的人。

——胡适

胡适,历任北大教授、北大文学院院长、北大校长。现代学者、史学家、文学家、思想家。

曾任北大英文系教授的梁实秋老先生,是现代著名的翻译家、文艺评论家,其文学造诣之高,颇令人敬仰。但在抗日战争期间,当社会各界纷纷掀起对此次战争口诛笔伐的热潮之时,梁实秋却躲在"雅舍"里大写悠闲文字,被人批评为"抗战无关论"。梁实秋不闻不问,权当没听见这些风言风语。后来,他说,人情急时固然可以操起菜刀杀人,但杀人毕竟不是菜刀的使命。看似对时事不关心的梁实秋,实则暗藏大智慧。

在现实生活中,每个人都想给其他人留下一个诸如"聪明伶俐"之类的印象,故而极力表现自己,不错过任何一个展露才华的机会。但在很多时候,聪明反被聪明误,倒不如偶尔装一装笨拙,借此来使自己避过不必要的麻烦或祸患。

商代末期,有一回商纣王纵酒尽兴,喝得昏昏沉沉之际,问左右的人:"今天是什么日子?"众人唯唯诺诺,都说不知道。纣王派人去问箕子,箕子感叹说:"身为一国之主,而让一国之人都忘记了日期,国家岂不已陷入危险境地?但如果只有我一人清醒,可想而知,我也就很危险了。"于是,他对使者推辞说自己喝醉了酒,头昏脑涨,也记不清是什么日子了。

我们在日常生活中,有时会遇到以下情况:有一些事,人人已想到、认识到了,却无一人当众说出来。这些人并非真傻,而是知道"人所共欲而不言"的道理。有一句话叫"枪打出头鸟"。这话你争着说,必定犯忌,或说中别人之痛处,这样你就会倒霉。

齐国的隰斯弥去见田成子,田成子带他一起登台远望。只见三面视野一马平川,只有南面隰斯弥家的树生长得郁郁苍苍。

田成子没说什么,又带隰斯弥下了高台。隰斯弥回到家里,忙吩咐家人把树砍倒,没砍几下,隰斯弥突然又不叫砍了。家人很是疑惑,隰斯弥说:"田成子有篡位野心,如果我的表现让他觉察出我已识破他的心思,那我还会安全吗?因此,不砍倒树,未必有罪。"

第九章 内敛谦和，低调为人更接地气

"装笨"并不是让人唯唯诺诺，忍气吞声，"装笨"是换一种方式，把生活中的小事模糊处理。斤斤计较之人可能会得到一时的满足，锋芒毕露之人可能会得到一刻的虚荣，但他得意之时也许埋下了隐患，种下了祸根。

《红楼梦》里，最精明者当属贾府当家人王熙凤，用书里的一句话说她，"只怕有一万个心眼子"。但这样一个精明的王熙凤却不招人喜欢。别说是自己的丈夫贾琏，就是贴身丫头平儿亦对她心有畏惧。可以说，凤姐的心机实在太可怕，也实在太可怜，可怜到了没有一个人是值得她信任的，也没有一个人是真心爱她、帮她的。到头来，"机关算尽太聪明，反误了卿卿性命"。

做人切忌恃才自傲，不知饶人，尤其对于领导者来说，更不能做"王熙凤第二"。因为锋芒太露易遭嫉恨，更容易树敌。所以，有点"心眼儿"适时地装笨，既能有效地保护自我，又能从容地观察形势，实在是一种聪明之举。

王宝和是某市的市长。一次去省里参加一个科技方面的会议，他决定要带个懂科学的技术人员一同前往，于是科委干事黄侃便轮到了这个美差。因为开会期间，黄侃照顾得周到，所以开会回来之后不久，他便成了王宝和的秘书。

黄侃当了市长秘书后，发现王宝和爱下象棋，于是便说其实自己也喜欢下棋。从那以后，闲暇无事，王宝和便叫黄侃陪他下几盘棋。

其实，黄侃本来就是位家学渊源的棋手，对棋艺颇有造诣的爷爷时常告诫他不可恃强凌弱，适当给人以退路。但如果碰到棋艺不高，又有资格以权势压人的人不可故意失棋，否则失棋即是失德。

但是如今是身处职场，只能以不变应万变。根据王宝和的脾气，既不能胜他，以免背上骄傲自满的罪名；也不能轻易让他取胜，让他认为自己没有本事。于是，黄侃即便是让棋也让得不露声色，有时还做出脑门发热走错一步的举动，后悔不迭的样子常常令王宝和开怀大

笑，说："小伙子，下回可要看清楚呀！"

王宝和退居二线时，极力推荐黄侃接替他的工作，他在给省委的报告中强调，黄侃不仅符合提拔干部的标准，而且具有谦虚、谨慎、好学的品质。

几乎没有人会大度地容纳一个职位比自己低，才干却胜自己一筹的人。真正的聪明人，不要处处张扬你的聪明和才智，要尽量装得糊涂一点、低调一点，让他获得一种优越感。这样的糊涂，并非显示出了你的无知，反而是另一种聪明。

英国19世纪政治家查士德裴尔爵士训导他的儿子时说："你要比别人聪明，但不要让人家知道，你当真比他们更聪明。"其实，真正大智大慧的人，比如领导者，是不会向别人炫耀自己有多么多么高明的，在员工面前表现出"笨笨"的形态来，反而能获得他们的好感。

总之，我们在与他人的相处中，运用"守拙"的方法便是一种掩饰自己、保护自己、积蓄力量、等待时机的人生韬略。不仅要在人前收敛自己的真才实学，也要学会察言观色，见机行事，正所谓"小心驶得万年船"。

6.夫唯不争，故天下莫能与之争

你豁达了，也就收获了。
　　　　　　　　　　　　　　　　　　　　——黄侃

黄侃，著名语言文字学家，曾任北大教授。

老子在《道德经》中说："天之道，不争而善胜，不言而善应，不招而自来，繟然而善谋。"并强调说，夫唯不争，则天下莫能与之争。

第九章 内敛谦和，低调为人更接地气

有时候，生活就是这么奇妙：处处争强好胜之人，偏偏就是很难得到他想要的东西；而当一个人能看开一切名利得失，并能适应外界变化，放下与人争夺之心时，他反而能迎来自己的另一番更广阔的天地。

清朝历史上有名的"九龙夺嫡"事件，给后人上了一堂宝贵的"不争为争"课。

八阿哥允禩为了能获得皇位，可谓殚精竭虑不择手段，先是用怀柔手段来笼络人心，得势后他又发动官员们上章举荐自己为太子，一时声势浩大。他犹嫌不足，还妄图控制军队，拼命将自己的心腹门人往丰台大营等京师近卫部队中塞。一时间，八阿哥得势不已。

四阿哥允禛见此情形，顿感大势已去，正在一筹莫展之际，幕僚告诉他：不争是争。

于是，比起八阿哥的醉心于权力、争得忘乎所以，四阿哥采用淡泊以对的态度。但在同时，更加用心于国事，以天下为己任，多提对黎民百姓有利的建议。而且，他还明里暗里地向父亲表示自己并没有觊觎大位的野心。

后来，八爷党果然因为"太争"招了康熙皇帝的忌。在这场争斗中，不争的允禛获得了康熙的支持，最终登得宝座。

利欲之心就好似罂粟，一旦撒不开手，就没人能救得了你。你以为自己是在拼命争取，并且胜利在望，其实到头来只是竹篮打水一场空。

今天，在商业竞争如战场的报道渲染中，企业领导往往被描绘成带领千军万马与敌人恶战的将军，血腥和残酷都无法避免，怎么可能不争而胜呢？

在"20 年·1000 亿元·世界的海尔"的研讨会上，海尔集团董事局主席兼首席执行官张瑞敏最后总结了一段话："如果没有来自方方面面的对海

尔的质疑甚至个别的恶意中伤，就没有今天思考更加冷静、思维更加缜密、心理承受能力更强、更加有能力驾驭复杂局面的海尔。我认为这是好事，这些质疑不管对错，对海尔都是一种提醒，我们会更好地思索这些问题。'生于忧患，死于安乐'，一片赞扬声中企业不可能很好地生存……对质疑最好的回应就是发展。"

张瑞敏在经营海尔上表现出的"不争"智慧，指的是不去争抢那些华而不实的虚名。但对于企业发展的硬性原则问题，他却是一争到底。如今，张瑞敏带领海尔能取得今天在国际上举重若轻的成就，也充分说明了其"不争而争"的理论。

当年张瑞敏在接手青岛一家破旧的家电厂之时，就审时度势，把握了社会对家电需求的历史必然趋势。在这个意义上，张瑞敏并不是不争，而是对家电市场需求做到"寸步必争"。

为了改变企业亏损严重的局面，张瑞敏决定引进生产流水线。在当时国家引进项目大门即将关闭的情况下，他遇上了来中国寻找合作伙伴的德国利勃海尔项目。张瑞敏在狂喜中立即上交了所有需要的材料。之后，他又不断地到轻工部、到省里去争取，反复和上级领导陈述该项目的引进对于整个青岛市轻工业发展的重大意义。

正是靠着这种"不争无谓、只争企业命脉发展"的道家哲学智慧，在幸运之神的庇佑下，张瑞敏争取到了国家批准利勃海尔这个项目给青岛的机会。然而，成功签下利勃海尔之后，一个更大的困难也在等着张瑞敏去解决。

当时利勃海尔的项目需要900多万元资金，而张瑞敏的企业能够从银行贷款10万元已经是天文数字了。

怎么办？事情陷入僵局时，张瑞敏明白，必须争取到更多的援军，才能打赢这一仗。

　　终于，经过一番诸葛亮舌战群儒式的激烈辩论，一向低调的张瑞敏以高姿态征服了诸多领导、专家们，大家终于被他的真诚、魄力、远见所说服，纷纷献计献策，最终搞定了这至关重要的900万元资金。

张瑞敏恰到好处地摆正了争和不争的关系，在浮华的虚名面前，他选择了主动放弃；在事关企业生死成败的关键问题面前，他选择了拼命争取——这是企业家张瑞敏的大智慧，更是中国古代老庄哲学的智慧。

　　很多时候，不争，是为了更好地去争。作为企业领导者，一定要时刻明白"争"的内涵：

　　不与上级争锋。有些领导比较自负，在下属面前咄咄逼人，到上级那里，也会不自觉地表现出强势。这是要不得的，要善于"藏锋显拙"，功可以高，但绝对不可以"盖主"。

　　不与同级争宠。争做领导的大红人自然可以得到好处，但是为了争宠而不务正业，每天就无中生有、造谣生事，贬低同级、抬高自己，那争到的也是虚名浮利，长久不得。

　　不与下属争功夺利。现实中确有一些领导者私心太重，争功诿过。这样的领导者下属是瞧不起的。而且，那些喜欢对员工发号施令的领导者会增加员工的抱怨、压力、厌恶感和抵触情绪。

　　总之，好的领导者必须虚怀若谷，时刻保持一颗谦虚的心，善于利用各种场合和时机宣传下属、鼓励下属、保护下属，让大家感觉到你的尊重和信任，这才是竞争的大智慧。

7. 功成身退为明智之举

　　真正的悟者能够从看破红尘获得一种眼光和智慧，使他身在红尘却不被红尘所惑，入世人保持着超脱的心境。　　——周国平

　　周国平，知名北大学子，当代著名哲学家、作家。

　　林语堂先生曾说过这样一句颇有诗意的话："我们对于人生可以抱着比较轻快随便的态度：我们不是这个尘世的永久房客，而是过路的旅客。"这样优雅从容的语言，旨在传达一种精神境界——追名逐利不长久，功成身退才是明智之举。

　　2008年，北大校长许智宏正式离任，在离去时的辞别演讲会上，他说："长江后浪推前浪，一代新人换旧人，这是人类社会发展的客观规律。今年我已66岁，已经完成了九年北大校长的历史使命，其中的功过是非就留给后人去评说吧。"

　　一般来说，名利当头，几乎没有人不趋之若鹜的，而此时，大多数人表现出的是知进而不知退、善争而不善让，这就无异于堵死了自己的退路，等到"盈则溢""满则亏"的时候，再想回头已然来不及。

　　而且，这一点在领导者身上表现得尤为明显。因为当一个人掌握了一定的权力时，很少有人再甘愿把它放下，降职尚且有很多人会十分抵触，就更不要说急流勇退从此告别领导位置了，这也是很多领导者不得善终的原因。

　　其实，越是领导者，越是权力大的人，越应该明白凡事须适可而止。不贪慕虚荣，不恋栈权位，该放下的时候果断放下，这才是一个聪明的领导者，须知退一步海阔天空的道理。

第九章　内敛谦和，低调为人更接地气

清代中兴名臣曾国藩，堪称是领导者的典范。

当年，在攻下金陵之后，曾氏兄弟的声望无论在朝中还是民间，都可说是如日中天。曾国藩被封为一等侯爵，世袭罔替，所有湘军大小将领及有功人员，莫不论功封赏。长江流域的水师，全在湘军将领控制之下，曾国藩所保奏的人物，无不如奏所授。

树大招风，朝廷的猜忌与朝臣的妒忌随着曾国藩的地位猛升滚滚而来。曾国藩说："长江三千里，几无一船不张鄙人之旗帜，外间疑鄙处兵权过重，权力过大，盖谓四省厘金，络绎输送，各处兵将，一呼百诺，其相疑者良非无因。"

于是，官场老手曾国藩应对从容，马上就采取了一个裁军之计。不等朝廷的防范措施下来，就先来了一个自我裁军。古人早就告诫过，"飞鸟尽良弓藏，狡兔死走狗烹"，于是曾国藩果断选择功成身退，以求自保。

曾国藩的"急流勇退"的手法自是超人一等，在战事尚未结束之际，他就计划裁撤湘军。他在两江总督任内，便已拼命筹钱，两年之间，已筹到550万两白银。钱筹好了，办法拟好了，战事一结束，即宣告裁兵，不要朝廷一文，裁兵费用早已筹妥。

可以说，正是由于曾国藩明白急流勇退的道理，才给了自己一个安享晚年的机会，从此以后，清廷不再对他猜忌，而他也乐得做一个股肱之臣。无论哪朝哪代，这个道理堪比一条保命妙计。就如协助刘邦定天下的张良，在帮助太子巩固了王位后，便知道自己的使命已然完成。于是，他辞让万户侯，自请告退，摒弃人间万事，假借神道，明哲保身，落得个善终。而与张良同为"汉初三杰"、为汉朝立下大功的韩信，却被满门抄斩。

功成身退不仅是一种政治智慧，也是一种精神境界。选择功成身退要目光

深远，在轰轰烈烈之际预知潜伏的危险，还要能克制自己的私欲。如果贪婪心重，嗜欲习深，即使无功也希望受禄，有功又如何会身退呢？

2013年1月15日，马云的告别信发到了阿里巴巴全体员工的信箱里。马云宣布于2013年5月10日起，不再担任阿里巴巴集团CEO一职。

一石激起千层浪。业界议论纷纷，猜测阿里巴巴将何去何从？对于一家企业的创始人来说，48岁依然年轻，也正是收获果实的年龄，很多人以为马云会在操作完阿里巴巴整体上市之后功成身退，但他还是选择了急流勇退。

马云明白，阿里巴巴不是家族企业。中国的家族企业存在太多的弊病。阿里巴巴创业不易，守业更难。因此从创业之初，阿里巴巴就形成了人才培养体系，当年轻人崭露头角之时，马云意识到该让位了。否则，这批年轻人就会成为外界挖角的对象。

而马云也宣布："今年，阿里绝大多数生于60年代的领导者将会退出管理执行角色，我们将把领导责任交给70、80年代的同事们。因为，我们相信他们比我们更懂得未来，更有能力创造明天。"

尽管如今马云已经从CEO的位置上退下来，但说起阿里巴巴，人们想到的依然是马云。曾有人提出疑问，如果将来接班不畅，马云还会回来吗？

都说这个问题问得好。业界共识，电子商务是未来的趋势。既然董事局负责战略决策委员会，未来阿里巴巴在快车道上驶向何方，作为董事局主席的马云依然是驾驶员，他从未离去，何谈回归？

身为中国互联网三大巨头之一阿里巴巴的创始人，马云在考虑企业如何能长久地活下去。在这种个人英雄主义色彩浓厚的企业，创始人交权需要勇气，也正是因为这一点，马云放下了自己亲手打下的天下，来交给后来人的勇气值

第九章 内敛谦和，低调为人更接地气

得称赞。

马云说："说真心话，我是觉得自己对互联网来说有点老了……我和朋友开玩笑说，如果有一天我和员工说话的时候垂头瞌睡，他们肯定不好意思说我；但我还死守着位置对大家都不好。你爱自己的孩子，就要让他独立起来。爱自己的公司，就让比你更懂这家公司的人去驾驭。今天我对这家公司还是正能量，但我总在变老，我不想明天变成负能量。"

马云用他的实际行动给企业领导者们做了一个榜样，告诫那些还贪恋高位的风光荣耀的领导者们：该放手时就放手，功成身退或许会失去权力，但得到的东西比权力还要宝贵。

第十章

坚守底线，用定力抵御诱惑

1. 莫伸手，伸手必被捉

> 不掩人之功，不掠人之美。
> ——邓广铭

邓广铭，毕业于北大史学系，曾任北大历史系主任、中古史研究中心主任。

1918年11月16日，北大在中央公园（今中山公园）举行演讲会，当时的校长蔡元培面对北大莘莘学子严肃告诫说："我们不要羡慕那凭借遗产的纨绔儿！不要羡慕那卖国营私的官吏！不要羡慕那克扣军饷的军官！不要羡慕那操纵票价的商人！不要羡慕那引领干修的顾问咨议！不要羡慕那出售选票的议员！他们虽然奢侈点，但是良心上不及我们平安多了！我们要认清我们的价值，劳工神圣！"

贪婪是人身上最大的弱点之一，世界上数不清的悲剧都和人的贪婪有关系。曾任北大教授的现代作家林语堂先生也说："人生的大骗子不是两个，而是三个：名、利、权。"追求本来是一个体验快乐的过程，而欲望却永远都只是生命沉重的负荷。

商人，在人们眼中素来是这样一副形象：穿着华贵，打着小算盘，一双小眼睛里透露着精光。或许这也就是"无商不奸"的由来了。

但是，并不是所有的商人都是如此，或者再从更高层次来讲，真正的商人并不如此。

马云说过："在我看来有三种人——生意人，创造钱；商人，有所为，有所不为；企业家，为社会承担责任。"在马云看来，征战商场之人因着目的与所发挥的作用及价值的不同，可以分为三类。但无论是哪一类，都要有原则，有底线，懂得经营。如此，才不失为一个不论是为自己还是为社会创造价值的有用之人。

曾有一段时间，网上疯传阿里巴巴B2B业务中出现了欺诈。这一消息瞬间引起轩然大波，马云与阿里巴巴也被推上舆论的风口浪尖。

经过一系列调查取证，确定阿里巴巴CEO卫哲和COO李旭晖，负有严重的领导责任。痛定思痛，马云选择毫不留情地祛除这一"毒瘤"。马云在内部邮件中称，"过去的一个多月，我很痛苦，很纠结，很愤怒；对于这样触犯商业诚信原则和公司价值观底线的行为，任何的容忍姑息都是对更多诚信客户、更多诚信阿里人的犯罪！"

而当事人卫哲与李旭晖，跟随在马云身边多年，身为公司元老，为阿里巴巴的发展做出了相当大的贡献。但却因一时心术不正，经受不住金钱诱惑，伸出了手，却也因此付出了沉痛代价——马云不惜"忍痛断臂"，宁愿折损两员大将，也不能陷阿里于不义之地。

马云曾参加美国知名主持人查理·罗斯(Charlie Rose)的脱口秀节目，当时，查理·罗斯问他："这是一个日新月异的世界，那么有哪些变化让你感到担忧，而哪些又让你觉得欣慰？"马云答："贪婪和拜金主义让我感到担忧，其实造成金融危机的一个原因就是贪婪。国家想的是GDP，公司想的是收入、盈利、上市，人们事事以金钱为先。我们来到这个世界是为了体验生命，而不是刚刚讲到的这些。"

正如马云所说，商人有所为，有所不为。这句金玉良言对于每一位身居高位的领导者都无比受用。

明朝巨贾沈万三，将"成为一个伟大的商人"作为自己的高远目标。成功后却又开始穷奢极欲，甚至变相做欺诈生意。这样的不齿手段没有维持多久便被人坑骗遭遇破产。后来靠着顽强打拼再次东山再起后，他清醒地意识到"商人"的真正含义：该赚的钱要赚，不该赚的，打死也不能伸手。

如今，发生在我们身边这样的例子屡见不鲜：一个人兢兢业业几十年如一日地拼搏，终于上升到了不错的位置上面，然而却因为一时的贪欲，最终身陷囹圄，甚至是身首异处。当事情到了无可挽回的境地，他们总会痛心疾首地大骂金钱害人，但却没有反思一下，自己如果能够淡泊一些，合理地看待金钱，不过分伸手捞金，那么又何至于此？

作为领导者，如果控制不住自己的贪欲，奢华的生活固然能够逞一时之快，但却很快就会成为他人的反面教材，为人所不齿。故此，只有让自己的欲望值最低，尽量减少贪婪的心理，才能够不受金钱的诱惑，获得幸福的人生。

2. 看不淡名利，就少不了困扰

> 成熟了，却不世故，依然一颗童心；成功了，却不虚荣，依然一颗平常心。
> ——周国平

周国平，知名北大学子，当代著名哲学家、作家。

北大计算机科学技术研究所教授王选先生，是我国著名的计算机科学家，被誉为"当代毕昇"。他曾说："一个有成就的科学家，他最初的动力，绝不是想要拿个什么奖，或者得到什么样的名和利。他们之所以狂热地去追求，是因为热爱和一心想对未知领域进行探索。"他还毫不留情地批评有些为赚取名利而走"露脸"路线的人："一个科研工作者如果在电视上出现多了，说明他的学术生涯快结束了。"

名利之于大多数人来说，是一个终极目标。许多人生活在这个世界上，不是为了求名，就是为了求利，否则就没有生存的意义。于是他们从具备能力向名利发起冲击的那一天起，就开始了自己的行动。

从某种程度上说，追名逐利本无可厚非，但是如果我们的一生被名利所束缚，那么必然会在追求名利的过程中失去自我。古人曰："求名之心过盛必作伪，利欲之心过剩则偏执。"当一个人的名利之心膨胀到难以压制的地步时，就是其被名利所反噬的时候。

20世纪70年代末，刘金宝从一个默默无闻的银行小职员，被分配到中国银行伦敦分行做外汇黄金交易员，从此他开始了自己的青云之路。

1981年3月的一个夜晚，刘金宝得到一个惊人消息——美国总统里根遇刺！他立即想到，假如这个消息是真实的，那么，美元的市场就会大大下滑。而这样一来人们就会把注意力集中在黄金上，其价格也就势必会上升。而时差又使世界几家著名的金融交易所处于不同交易状态，这对于刘金宝来说无疑是千载难逢的天赐良机。

刘金宝果断采取行动，他先后两次为中国银行以较低价格在纽约黄金市场购进了大量黄金。果然，随着美国总统里根遇刺消息的散播，全世界的人们开始疯狂抢购黄金，金价就像决堤的洪水，冲破了他购买时每盎司780美元的大关，达到800美元。

而恰恰此时，消息再次传来：里根经抢救脱离危险！美元一下子反弹，金价大幅下跌。就在这十几分钟，刘金宝为所在的中国银行大赚一笔，也正是由于伦敦分行的这次经历使他平步青云，成为中国银行的副董事长。

但是，渐渐地，刘金宝就失去当初这份果断和清醒了，利欲熏心的他变得越来越不知足，妄图得到更多的金钱与权势。在名利与欲望的诱惑下，他开始了疯狂的敛财行动，最后以贪污受贿和巨额资产来历不明等数项罪名锒铛入狱。

利欲之心人皆有之。生亦我所欲，义亦我所欲。所欲有甚于生者或义者，都是一件无可厚非的事情，作为凡人的我们无可避免地会产生这样的心理。但是，凡事一定要有度、有原则、有底线，否则一旦接近极限，即使努力想抽身，亦悔之晚矣。

作为一名位高权重的领导者，对于自然之外的人为欲望，即人们常说的身外之物，如声色犬马、财物名利之欲，就必须减少到最低限度，根绝了私欲就可以达到安静的地步。只有不为利欲之心而舍弃一切，渐次淡化那颗利欲之心适度保留，才能避免坠入自挖的坟墓之中。

第十章 坚守底线，用定力抵御诱惑

有一次，福特汽车公司的创始人亨利·福特应邀到英格兰访问，在机场问讯处，他向接待员咨询当地最便宜的旅馆。接待员看了看他——这是一张全世界都知道的、著名的脸。

接待员小心翼翼地说："要是我没搞错的话，你就是亨利·福特先生，我见过你的照片。"

福特点点头肯定。

接待员更加疑惑了："可是你竟然穿着一件看起来像你一样老的外套，而且要最便宜的旅馆。我也曾见过你的儿子上这儿来，他穿的是最好的衣服，他总是询问最好的旅馆。"

亨利·福特无奈地笑了笑，说："是啊，我儿子是好出风头的。但对我而言，我在哪儿都是亨利·福特。最好的旅馆与最便宜的旅馆于我而言没什么两样。这件外套，是的，这是我父亲的，但这有什么关系呢？我是亨利·福特，不管我穿什么样的衣服，即使我赤裸裸地站着，我也是亨利·福特，这根本没关系。"

天下谁人不识君，这是人人都梦想得到的，然而当这一切真的发生时，有几个人能做到和福特一样淡定、坦然呢？恐怕也只有这样的人，才能真的活出自己人生的滋味，才能得到社会的认可。

社会上不乏许多领导者，本来处在领导的位置上就够让人羡慕的了，但因为内心或升官或发财的欲望，产生了对现实的不满，最终一步步把自己的生活之路变得越来越窄。

俗话说，欲壑难填。一个人如果被欲望控制了心灵，就会不断地索取、追寻，最终完全忘记了"见好就收"的忠告。

因此，要想拓宽自己的生命维度，让自己在领导的岗位上做得更好，首先就要控制自己的欲望，不说无欲无求，但至少要熄灭那些不切实际的欲望，如此一来,才能把目光重新放回到现实生活中来,才能看得清更宽广的前路。

3. 省身克己,不求虚名

> 无论什么事情也不能建筑在虚伪和吹牛皮的基础上,化学研究更不能例外。
> ——傅鹰

傅鹰,曾任北大教授、北大副校长。他的名言是:"不要剽窃,否则一辈子也翻不过身来!"

求名心太盛,容易走歪门。这话一点不假。人们总是有着更高、更远的视角,永远也得不到满足,以致在一而再再而三的追求索取过程中,变得不择手段,甚至就此走上绝路。

古往今来少有人能够达到视名利如粪土的境界。陶渊明在40岁的时候,才悟到"实迷途其未远,觉今是而昨非",从此归园田居;陆放翁在晚年的时候,才意识到"看尽人间兴废事,不曾富贵不曾穷!"这些人虽然很晚才看破名利,但最终收获了安详的生活。而我们这些在红尘俗世中打拼的人,尤其是一些身居高位的领导者,却始终视名如命,被名利捆缚一生。

古语有云:"为政不在多言,须息息从省身克己而出;当官务持大体,思事事皆民生国计所关。"说的即是为政当官需省身克己,不求虚名,而不是汲汲于名利富贵这些莫须有的东西。

晋朝名士王湛,是众人所公认的蠢笨之人,被人瞧不起。

有一天,侄子王济去王湛家串门,见王湛的床头有一本《周易》,便问其故。王湛回答说:"身体不好的时候,坐在床头随便看看。"王济以为他故弄玄虚,便有意请他说说书中的一些意思。王湛分析其中深奥的道理,深入浅出,非常中肯。王济大惊,惭愧地叹息:"我家里有这样一位博学的人,可我三十年还不知道,我真是犯了极大的过错啊!"

王济养了一匹性子很烈的马,一般人很难驯服它,但是王湛骑上这匹烈马,胜似闲庭信步,速度快慢随心掌握,连最善骑马的人都很佩服他。王湛又说:"你这匹马虽然跑得快,但受不得累,干不得重活。"便告诉侄子督邮那里有一匹能吃苦耐劳的小马。王济就将那匹马买来,精心喂养,等与自己骑的马一样大了,就进行比试。果然,王济的马还未跑出多远就摔倒了,而督邮的马仍然稳如金钟。

王济对叔叔王湛的学识和修养更是佩服得五体投地了。后来,王济将王湛推荐给晋武帝,晋武帝任命王湛为汝南内史。

如果我们每一个人都能将时间与精力放在发展和提高自己上,而不是去追求表现和虚荣,则是一种深层次的人生智慧。就如王湛,他看淡名利得失,不追求虚名,反而能够获得他人真正的敬佩和赏识。

在名利场上,得失的对立似乎特别明显。然而究其事实,两者却又是能够相互转化的,得到反而意味着失去,失去反而意味着得到,甚至得失的不仅是名利,还有很多更重要、更深层次的东西,如果在形式上放弃它,反而能够永久地拥有。

1748年,英法两国为了争夺在北美的领地而发生冲突,时值19岁的华盛顿在此时开始走入军界。此后数年的战争中,华盛顿凭借其赫赫战功与极高的口碑,赢得了国民的爱戴。

1783年3月下旬,英美签署和平协议。4月19日,历时8年的北美独立战争结束。华盛顿时年51岁，他于12月23日辞去了军职，在美国安纳波利斯举行了一个隆重而朴素的辞职仪式。

在此之前，华盛顿发表了动人的告别演说："你们的总司令就要退役了……现在，我已经完成了国会赋予我的使命，我将退出这个伟大的舞台，并且向庄严的国会告别。在它的命令之下，我奋战已久。我谨在此交出委任并辞去我所有的公职。"

整个仪式进行得简约平实，一如华盛顿的为人。

在交出指挥权的第二天上午，华盛顿就离开了安纳波利斯，回到了弗农山庄，在自己的葡萄架和无花果树下过起了一种心满意足的乡绅生活。在写给朋友的信中，华盛顿说："戏终于演完了。我不再担任公职，感到如释重负。我希望在自己的晚年躬行于为善良的人们做事和致力于品德的修养。"

让人主动放弃权力是不可思议的，对于一个能随其心愿担任总统职务的人而言，这就更令人称奇。但是，华盛顿的辞职为美国树立了一个影响深远的先例。

对于大多数人来说，当我们决定要从事一项行业或研究的时候，往往并不是因为看到了这项行业和研究能给我们带来多少名利，而是完全出自对这一行业或研究的兴趣和热爱，或者是某种崇高的理想，就像周恩来总理说的那句"为中华崛起而读书"。这也许就可以称得上是一种赤子之心，也只有这样，我们才能在自己所从事的领域中取得成就。或许这也就应了那句话：不想得到回报的付出，往往能获得意想不到的奖赏。

4. 心中无欲则天下豁达

> 一个成熟的人是不会去刻意寻求外在的奖赏,以为故意做作的奖赏对人有时是一种愚弄。
> ——周国平

周国平,知名北大学子,当代著名哲学家、作家。

俞平伯先生毕业于北大,早期曾加入北大新潮社,是新文化运动初期的重要人物之一,其文学造诣颇高,作品在学术界有着很大影响。但俞平伯却不贪恋功名富贵,提及读书,他曾说:"讲到读书的意义,于扩充知识以外兼可涵养性情,修持道德,原不仅为功名富贵做敲门砖。即为功名富贵,依目下的情形,似乎不必定要读书,更无须借光圣经贤传,甚至愈读书会愈穷。"

淡泊名利说起来简单,能真正做到的人却少之又少。欲望过多过大,必然欲壑难填。贪欲者往往被财欲、物欲、色欲、权势欲等迷住心窍,攫求无已,终至纵欲成灾。

民族英雄林则徐有对联云:海纳百川有容乃大,壁立千仞无欲则刚。不难看出,前半句是林文忠公对领导者胸怀的看重,后半句则突出地体现在对欲望的控制上。

三国时期,杨仪乃蜀国重臣,才识不俗,却始终不能受到重用,所以经常口不择言,乱发牢骚。孔明去世后,刘禅依照孔明的遗言,任命蒋琬为丞相,大将军,录尚书事;晋升费祎尚书令,同理丞相事。杨仪虽为官多年,还有新功,却仍依旧职。

杨仪咽不下这口气,他找了费祎发牢骚,诉说对蒋琬的不服气,并且提起孔明死后,曾将全军指挥权托付给他的旧事,说如当初带兵投魏,也不至于像现在这个官。

这自然是一时气话。杨仪在最苦闷的时候找费祎发牢骚,无疑是将他看成知交。谁知不然,在听到杨仪这番言论之后,费祎打了小报告,结果要了杨仪的命。

一代名臣,本应该开疆拓土、保国安民,但却走上了绝路,就是因为心态没有端正。

相对于普通人,领导者在岗位上所要面对的事情更多,所要处理的问题更复杂,所遇到的喜怒悲欢也总是多于常人。在这种情况下,只有去除心中的欲望,才能够保证在困难面前不至于过分沮丧而丧失进取的可能,更不会在面对成功的时候因太过激动而变得张扬,结果把好事变成坏事。

古人云:"求名之心过盛必作伪,利欲之心过剩则偏执。"只有做到淡泊名利,才不至于使一生都为名利所牵绊,才能诗意地栖居。

庄子可谓是淡泊名利的典型代表。当年,楚国两位大夫奉楚王之命邀请庄子出仕时,正在溪边钓鱼的庄子"持竿不顾",并未驳拒也没就势答应,而是闲扯了一段与做官无关的话:"我听说楚国发现了一只神龟,死的时候已经三千岁了。楚王把它放在竹匣中珍藏在宗庙的殿堂上,每到重大的日子,都要祭奠。"两个大夫不明就里,只能连连称是。

庄子话锋一转,问道:"如果你们是这只神龟,你们是宁愿死去,留下骨骸被关在竹匣中显示尊贵呢;还是宁愿活着,拖着尾巴在泥水中自由自在游动呢?"

两位大夫照实说了:"自然是宁愿活着,在泥水中自由自在远好

第十章 坚守底线，用定力抵御诱惑

过被人关在竹匣中。"

庄子呵呵一笑，说："我也是。"

欲望越多，痛苦也越多。人心不足蛇吞象，什么都想要，最后可能什么也得不到，反而一辈子将自身置于忙忙碌碌、钩心斗角之中。这样活着，未免太累！

2006年6月，"股神"巴菲特宣布将把自己的大部分财富捐给5家慈善基金会，并打算捐出总价值约为370亿美元的股份。这一举动创造了美国有史以来个人慈善捐款额之最。

巧合的是，在此10天前，比尔·盖茨表示他将在今后两年内逐步退出微软公司的日常管理，转而全身心投入慈善事业，"我将把全部财富用于捐赠，而不是留给自己的3个孩子"。盖茨对于自己的决定曾有过这样的解释，"我只是这笔财富的看管人，我需要找到最好的使用方式"。

卡耐基曾说："要是我们得不到我们希望的东西，最好不要让忧虑和悔恨来苦恼我们的生活。且让我们原谅自己，学得豁达一点。根据古希腊哲学家艾皮科蒂塔的说法，哲学的精华就是：一个人生活上的快乐，应该来自尽可能减少对外来事物的依赖。古罗马政治学家及哲学家塞尼加也说：'如果你一直觉得不满，那么即使你拥有了整个世界，也会觉得伤心。'"

香港某机构欲聘请一位英国大学者，该学者当时隐居法国乡间种葡萄。学者拒绝了高达200万港币的年薪，只因为舍不得悠然舒适的田园生活。据说，该学者经营葡萄园只能过极简朴的生活，若想下馆子、买衣服都得周密筹划。有人问："既然生活上如此捉襟见肘，为何还不应下这百万合同？"学者的回答是："我对挣大钱不感兴趣。"

"身外物，不奢恋。"这是思悟后的清醒。它不但是超越世俗的大智大勇，也是放眼未来的豁达襟怀。谁如果能做到这一点，谁就会活得轻松，过得自在，真正地摆脱心理的贫穷。所以，那些还在为诸多欲望而辛苦奔忙的领导者，还是停下追名逐利的脚步，感受一下"心中无欲，天下豁达"的生活吧！

5. 没有什么不可以放下

> 幸福和快乐是一种相对的感受。如果为失去一件事物而懊悔苦恼，那么，失去的就不仅是那件事物，还有心情、时间和健康。
>
> ——徐光宪

徐光宪，当代著名化学家，中科院院士，曾任北大化学系教授、博士生导师。

古希腊著名哲学家苏格拉底曾教诲人们："心灵的容积承受过大就会让人烦恼和不安，要懂得学会取舍。"阿里巴巴董事会主席、著名商界精英马云也告诉我们："人要成功一定要有永不放弃的精神，当你学会放弃的时候，你才开始进步。"

放弃不是妥协，不是认输，相反，很多时候，放弃其实是"山重水复疑无路，柳暗花明又一村"的惊喜，是"失之东隅，收之桑榆"的妙谛，懂得适时地有所放弃，这正是我们获得内心平衡、获得快乐的秘方。

特别是作为一个领导者，有太多的东西放不下，有了功名，放不下功名，有了金钱，放不下金钱，有了爱情，放不下爱情，有了荣耀，放不下荣耀……这些重担与压力，使很多人生活得非常艰苦烦躁、不安，甚至有时候还会狂乱，这些精神的枷锁，束缚住了我们的心。这时候，放下不失为一条解脱之道，要知道，这世界上，真的没有什么放不下。

艾里逊是芝加哥大学物理系的一名教授，杨振宁是艾里逊的研究生。

在实验室里，杨振宁的物理实验进行得非常不顺利，经常发生爆炸，以至于当时实验室里流传着这样一句笑话：哪里有爆炸，哪里就有杨振宁。

一天，美国氢弹之父泰勒博士问杨振宁："你做的实验是不是不太成功？"

杨振宁坦诚而又失望地承认了。

"我认为你不必坚持一定要写一篇实验论文，你已经写了一篇理论论文，我建议你把它充实一下作为博士论文，我可以做你的导师。"泰勒说。

杨振宁听了，心情十分复杂和矛盾。一方面，他的实验真的失败了很多次；另一方面，他非常希望写一篇实验论文；同时，泰勒的邀请也极具诱惑力。

为此，杨振宁认真思考了两天。

最终，他接受了泰勒的建议，毅然把主攻方向转入理论物理研究，最终于1957年10月，杨振宁与李政道联手摘取了该年的诺贝尔物理学奖。

人常常会处于两难状态，做不出决定，看似每一个选择都是自己想要的，或者任何一个选择都不是自己想要的。这时候，就需要我们权衡利弊，两利相权取其重，两害相权取其轻。如果面对的是势均力敌的东西，那么就选择那个对长远利益更重要的东西，或者自己更加看重的东西。

作为一个领导者，压力颇大，这时就要学会放下。放下了压力，心态变得年轻；放下了烦恼，快乐其实很简单；放下了自卑，自信满满；放下了懒惰，奋斗会改变命运；放下了消极，获得一种积极向上的人生；放下了犹豫，立即行动；放下了狭隘，心宽路就宽。

佛教经典中有一个关于放下的故事。

佛陀在世时，有一位名叫黑指的婆罗门，拿了两个花瓶，来贡献给佛陀。

佛陀对黑指说："放下。"

婆罗门把他左手中那个花瓶放到了地上。

佛陀又说："放下。"

婆罗门又把他右手中的那个花瓶放下。

然而，佛陀还是对他说："放下。"

婆罗门很疑惑，说："我现在已经两手空空，没有什么可以再放下的了。"

佛陀说："我不是叫你放下你的花瓶，我要你放下的是你的六根、六尘和六识。当你把这些统统都放下，你就解脱出来了。"

佛，其实是大彻大悟的人，每个人都可以成佛，只要他顿悟。在俗世的烦扰中，我们虽然成不了佛，但是我们可以学习佛的精神，学习淡泊与放下。《卧虎藏龙》里李慕白说："把手握紧，什么都没有，但把手张开就可以拥有一切。"这就是放弃与得到的关系，放弃是一种智慧、一种境界，也是另一种得到。

作为一个领导者，在生活中，应该学会盘算，学会放弃，学会豁达。丢掉那些即使没有它也不会对你产生多大影响的东西，丢弃那些让你负重累累的东西，摈弃那些让你心神不宁的东西，从而获得身心的轻松自在。

6.随时收步，让心灵休个假

> 世界上的大事都是急事慢做的。 ——俞敏洪

俞敏洪，毕业于北大，新东方集团创始人。

就如一个长时间进行的战役一样，一个人忙碌时间太长便会觉得疲惫。对于领导者来说，每天穿梭于工作、会议、出差、聚会、沙龙中，脑子里充斥着满满的企划、利润、股份等工作问题，感到疲乏也是必然。

作为一个领导者，在日常的生活中和企业管理中，上要听命于上司，下要领导员工，前要沟通客户，后要防备竞争者……领导者的压力之大并不是徒有虚名。因此，学会放弃那些可以放弃的包袱，学会暂停，学会给自己的心灵休个假，生命才会轻装上阵。

俞敏洪创造了中国教育产业的奇迹：由他创办的新东方学校一年有数亿元收入，目前已经占据了全国50％以上的出国培训市场，因此，俞敏洪被称为"留学教父"。

这位留学教父对如何利用时间学英语有自己的见解。

俞敏洪觉得，在设立一个目标后，除了每天都要反省自己是否有进步外，重要的还要学会放松和思考，学会有张有弛地使用时间，这样才能抓住生命的重点。

俞敏洪说："有张有弛是什么？就是你紧张地学习五天以后，要放松一天，到郊外徒步一天，或者爬山一天，或者在原野之间游逛一天，或者和朋友们娱乐一天，这样才能重新激发你继续做事的热情，

保持精神的弹性。"

给心灵放个假吧，听一首自己喜欢的音乐，让音乐带着你进入轻松自在的氛围，到海边去看海浪，让浪花冲走心中的不快，和好友一起逛逛街、逛逛公园，让自己的心情像花儿一样美丽起来；或者，单单是停下手中忙碌的工作，离开办公室、离开电脑，走到办公室外面，呼吸一下新鲜空气，这些都是心灵的休假。不要走太远了，才发现自己很累，随时止步，让自己重新满血状态复活吧。

一如心灵需要休假，有时候在商战中，你所经营的公司、你所带领的团队和你所做的项目，都需要休假、需要放松、需要休整。休息过后，重振旗鼓，你会发现，会走得更远、更坚定，也更加接近成功。

一位拥有千万元资产的老板在商场打拼了近二十载，如今已过不惑之年。本来正值壮年该是将事业更上一层楼了，可是他逐渐地感到了厌倦，也没有了当初拼搏事业的热情。

思前想后，他认定这是忙碌了太久心累所致，于是决定先将公司交由下属的经理负责，自己去郊外散散心。这位老板简单地收拾了一下行装就出发了。

郊外远离市区，没有热闹与喧嚣，当地的居民都是些本分的老实人。他每天除了品味当地风味小吃，有时也会去田间地头转转，跟老农谈谈天气，讨论讨论今年的收成。偶尔也带上一个马扎，去池塘边钓钓鱼。池塘边钓鱼的人群中孩子众多，欢乐的笑声每天都不间断。当鱼上钩时，他也跟着孩子们大笑大叫——这些都让他有一种前所未有的愉悦感。

一个月后，他重新回到公司。他突然发现生活又变得鲜活起来，一切都充满了新奇与热情。他决定，一定要将事业更进一步发展。

在万科争夺万佳的控制权中，身为万佳大股东的王石，发现万佳的内部出现了对立的两派，斗争白热化，双方剑拔弩张，万科甚至面临出局的危险。在差点拼得你死我活中，王石却玩起了"休假"，暂时对这些不管不问，置之度外。不久，一个股东愿意把股份卖给王石，这样，王石手中的股权会超过对手。于是他和这个股东暗中达成协议，稳操了胜券。

商场上的收步是行为艺术，不是放弃，不是消沉，不是迎难而退的怯弱，不是半途而废的丢弃，而是一种能高瞻远瞩的勇气，一种能权衡利弊的睿智，一种高明的商战手段。不错，作为一个聪明的领导者，有时候，面对硝烟滚滚的商战要尽力克制自己，用冷静的态度面对竞争和压力，有时候你会发现，暂时的收步，其实是一个战略性的调整，会让自己取得最后的成功。

你因为负载过重而步履维艰了吗？你因为欲壑难填而疲于奔命了吗？那么，就给心灵放个假吧。适时作个短暂的休息，回到大自然，回到生活本身，你就会发现生活中的真善美无处不在。

7. 化繁为简，让自己从此不再纠结

> 假使做事要面面顾到，那就什么事都不能做了。　　——鲁迅

鲁迅，中国著名文学家、思想家，曾任北大讲师。

美国太空署曾遇到过一个让大家绞尽脑汁的难题：怎样设计出一种笔，它能够帮助宇航员在失重的情况下，方便地握在手里，书写起来流利，且不用经常灌墨水。各位专家纷纷出招，可是都不符合要求。而最后，最有效也最简易的方法来自一位小女孩，小女孩的建议是："试一试铅笔吧，如何？"

就这样，化繁为简，一个困扰了所有专家和研究人员的重大问题，就如此

简单地解决了。

作为一个企业领导者,比起普通的员工,其面对的事情更错综复杂,那么,学会化繁为简,可以提高办事的效率,可以减少内心的纠结,同时也可以获得内心的安定。

作为中国高等学府的北大,曾经面临了一次艰难的抉择:

那时候刚刚步入民国,北大面临着一个重大而复杂的选择——是继续当保守的官办衙门,还是成为现代化的大学?前者能够得到北洋政府的大力支持,大笔经费的拨款会给北大带来莫大的物质财富,学而优则仕的大门也会为教授和学生们敞开。而选择后者不但会让学校财政变得拮据,而且教授和学生们将会成为北洋政府的眼中钉、肉中刺,其前途可想而知。

北大毅然决然地选择了后者,这是个复杂的问题,也是个简单的问题,复杂在于选择了一个方向就要接受相应的后果,简单在于北大到底需要办成一个什么样的学校。

最终,北大成了民主、自由的现代化大学。

法国著名小说家巴尔扎克曾经说过:"在人生的大风浪中,我们常常学船长的样子,在狂风暴雨之下把笨重的货物扔掉,以减轻船的重量。"当命运的大风浪将我们裹挟其中的时候,一切繁复的东西都会成为累赘。要想冲出这生命的暴风雨,我们要学会化繁为简,轻装上阵,不让自己纠结于得到和失去,这样才能雨过天晴见彩虹。

你到底想要什么样的未来?

只要回答出这个问题,那一切就变得简单起来了,没有了名利,没有了压力,只要自己选择的方向对,再复杂的问题也会变得简单易行。

第十章 坚守底线，用定力抵御诱惑

春秋时期，楚王宴请臣子，席间还命令两位他最宠爱的美人许姬和麦姬轮流向各位大臣敬酒，以表示自己对臣下的情谊。

忽然一阵狂风刮来，厅堂内的蜡烛被吹灭了。黑暗中混乱一片，席上一位官员乘机摸了许姬的玉手。许姬扯了他的帽带，回到楚王耳边悄声说："大王，刚才有人乘机调戏我，我扯断了他的帽带，你赶快命令点起蜡烛，看谁没有帽带就知道是谁了。"

是点蜡烛抓住疑犯，然后将其杖毙为爱妃出气；还是忍气吞声，宽容臣下的冒犯？楚王很犹豫。抓出疑犯吧，会破坏宴会的气氛。让疑犯逍遥法外吧，自己又吃了一个哑巴亏。最后楚王想到这场宴会的初衷，无非是拉近君臣关系，那么，一切就宽容对待吧。

于是，楚王命令手下先不要点燃蜡烛，而且大声对大臣们说："今晚，我们君臣同乐，不醉不归，来，大家都把帽子脱了痛快饮一场。"

生活中，我们常常会遇到一些纠结的问题、复杂的问题、棘手的问题，犹豫再三也不敢下决定。其实，只要学会化繁为简，学会抓住主要矛盾，学会看清事情的本质，想想做这件事的初衷，一切就迎刃而解了。

作为一个领导者，当我们遇到一个复杂得如毛线球一样糟糕的事情时，一定要找出线团的线头，剔除旁枝末节，化繁为简，好钢用在刀刃上，集中最大的力量去解决最重要的问题。

第十一章

积极乐观，给下属创造并传递正能量

1. 既要尽心竭力，又要淡泊达观

> 古人说："文武之道，一张一弛。"有张无弛不行，有弛无张也不行。张弛结合，斯乃正道。提倡糊涂一点，潇洒一点，正是为了达到这个目的的。
>
> ——季羡林

季羡林，著名文学家，曾任北大教授、北大副校长。

美国学者杜威曾经这样评价蔡元培："拿世界各国的大学校长来比较一下，牛津、剑桥、巴黎、柏林、哈佛、哥伦比亚等这些学校的校长中，在某些学科上有卓越贡献的，固不乏其人；但是，以一个校长身份，而能领导那所大学对一个民族、一个时代起转折作用的，除蔡元培以外，恐怕找不到第二个。"

蔡元培对北大做出的贡献有目共睹，在他的领导下，北大从一个"庸俗不堪"的混文凭的地方，变成了一个兼容并包的伟大的"精神圣地"。蔡元培先生在整治北大的过程中，可谓是呕心沥血，虽然也曾遇到阻挠，最终不得已辞职,但他仍保持着淡泊达观的生活态度,晚年时与诗书为伴,徜徉其间,自得其乐。

我们常说,命中有时终须有,命中无时莫强求。顺其自然,该得到的总会得到的。人生原本是有遗憾的,生活原本是有不足的,事情也原本是要有不完美的。这样想就能放下完美,放弃"理想主义",平和地看待和善待自己的生活。

当然,这并不是要我们凡事都听从天命安排,而是既要尽心竭力,又要淡泊达观,说得更通俗一些,就是"尽人事,听天命"。

诸葛亮的"神机妙算"历时千年仍为后人津津乐道。他曾统领三军,运筹帷幄,决胜千里。但是,在最关键的一战上,诸葛亮却惨然败北。

那一战中,当诸葛亮用计火烧司马懿父子,眼看司马大军就要覆灭之时,一场大雨忽然冲刷下来,救了司马父子,也改变了中国的历史,天下成了司马父子的江山。

大势已去,胜败已定,诸葛亮仰天长叹一句:"谋事在人,成事在天!"

诸葛亮始终以"鞠躬尽瘁,死而后已"的态度入世,却用"谋事在人,成事在天"的态度出世,这种既能尽力去奋斗不息,又能安时顺世、乐天知命的德行,确实令人钦佩,更是我们为人处世的典范。

一方面要尽自己最大的努力去争取、去奋斗,另一方面又要安守天命,不强求,不妄为,顺其自然,顺势而为。正如庄子所言:"依天从命,因顺自然。"凡事既能恪尽人事,又能安听天命,这才是乐观豁达的人生。所以,即使是面对失意挫败,也要保持泰然自若、乐观向上的态度,千万不能颓废丧志、一蹶不振。

身为企业领导者,遇到艰难困苦,如果没有主动承担全部责任的勇气,而表现出胆怯、回避的态度，必然无法赢得尊重，难以达到良好的领导效果。比尔·盖茨曾说过："许多不公平的经历，我们是无法逃避的，也是无法选择的。我们只能接受已经存在的事实并进行自我调整，抗拒不但可能毁了自己的生活，而且也许会使自己精神崩溃。"

正是这种淡泊达观精神的指引，才使得盖茨没有在创业之初的挫折中倒下，才使得他在遭受厄运时仍然能够拥有饱满的斗志，才使得他一步步走向今天的成功。

松下幸之助一生将"尽人事，听天命"奉为座右铭。这绝不是"上天决定一切"的迷信说法，也不是消极妥协的人生态度，而是一种乐观的处世态度。

松下曾跟人讲过自己的打拼心得："我9岁就开始外出打工，在此后漫长的岁月中，我在经受着很多常人难以想象的困难的同时，也在学习着许多人得不到的经验。随着我在不知不觉中的逐步成长和完善，我养成了对待一切都很坦然的个性。就比如说，我遇到比较棘手的问题，一方面尽自己最大的努力，争取采用最好的方式去解决；另一方面，我对此也不会有过多的奢望，反而认为是命该如此。这就是'尽人事，听天命'了吧。有了这两种准备，不管最后的结果如何，我都能看得很开。"

俗语说："希望越大，失望越大。"这就告诉我们，尽自身最大限度的努力，以平静的心态等待结果，即使遭遇不如意，也坦然接受和忍耐。

在生活中，我们常常会遇到这样一些事情，我们为之费尽心血，眼看就能马到成功了，却不料半路杀出个程咬金来，导致前功尽弃。在这种情况下，我们只有摆正心态，心态平和地向前走，无论希望多么渺茫，我们只做好自己应该做的事，如此才有最终成功的希望。

对于一个领导者来说，经营事业，如履薄冰。尽人事，顺天命，是每个领导者需要具备的意识。尽自身最大努力，至于成败得失，则交由上天去决定吧，这样一想，反而豁然，有放开手脚、挽袖一搏的胆量，而最终不管成败如何，都能积极而坦然地面对。

2. 微笑面对困境

> 对世态炎凉的感受或认识的程度，却是随年龄的大小和处境的不同而很不相同的，绝非大家都一模一样。我在这里发现了一条定理：年龄大小与处境坎坷同对世态炎凉的感受成正比。年龄越大，处境越坎坷，则对世态炎凉感受越深刻。反之，年龄越小，处境越顺利，则感受越肤浅。这是一条放诸四海而皆准的定理。　——季羡林

季羡林，著名文学家，曾任北大教授、北大副校长。

人生不如意十有八九，但人生却并非是一种无奈。因为，精神力量决定着我们人生的航向，也决定着我们人生的质量。只要我们自强不息，永葆强大的进取精神，我们的人生之路就会越走越宽，人生也会更加精彩。

我国著名哲学家熊十力先生，是一位特立独行的怪杰，被当时的北大校长蔡元培聘为北大主讲"佛家法相唯识"的特约讲师。

但是，这样一位桃李满天下的"风云人物"，早年却一直在颠沛流离中度过。

青年时，熊十力先生曾追随孙中山先生进行革命，辗转过东南几

省，过着席不暇暖的生活；在革命失败后，熊十力先生倾心于佛学，便求学于上海复性书院，因为贫穷，只能暂住在学院门房；几年如一日的研习，熊十力先生终于积累了一身知识，被聘为北大讲师，辗转北上。

然而，安稳的生活刚过没几天，1937年，日本发动全面侵华战争，不愿做亡国奴的熊十力先生不得不又开始流浪生活——他连夜跳上一辆拉煤的火车逃往南方。

离开北京的当天，正下着大雨，熊十力先生又冷又饿地躺在煤堆上，竟然还能甘之如饴地欣赏铁路两边的景色。

想到熊十力先生在晚年时超然豁达的大气魄，不能不让我们联想起他微笑面对困境的优雅姿态。

李嘉诚说过："顺境时不要想得太好，逆境时不要想得太坏。"以平常心对待荣与辱、名与利，逆境时不悲观失望，应有"落红不是无情物，化作春泥更护花"的豁达与大度，才能在困境面前微笑以对，乐观解决问题。

有人一遇到困境便灰心丧气，并将这些不良因素统统归于命运，却不知道，唉声叹气与自怨自艾永远也无法解决问题，唯有勇敢地面对，用正能量战胜这些阻碍，才能真正应验那句"阳光总在风雨后"。

在加拿大有这样一个小孩：他相貌丑陋，说话结巴，而且因为一场疾病导致左半边脸麻痹，嘴角畸形，讲话的时候嘴巴总是歪向一边，还有一只耳朵失聪。对于这样的一个小孩，周围的人都报以同情或嘲笑的目光。

但他却接受了这一现实，并开始努力改变自己。为了矫正自己口吃的毛病，他模仿自己听到的一位著名演说家的故事，嘴里含着小石

第十一章 积极乐观,给下属创造并传递正能量

子讲话,即便嘴巴和舌头被石子磨烂了也不放弃。面对妈妈心疼的眼泪,他说:"书上说,每一只漂亮的蝴蝶,都是自己冲破束缚它的茧之后才变成的。我要做一只美丽的蝴蝶。"

他的努力最终换来了成果,他说话越来越流利,后来又以优异的成绩从中学毕业。

1993年10月,他参加全国总理大选。可是他的竞争对手居然攻击他的缺陷,并利用媒体大肆宣传,还配上了这样的广告词:"你要这样的人来当你的总理吗?"但是,竞争对手的不齿作为招致了大部分选民的谴责,反而帮助他获得了选民的同情。

但当选民知道了他的人生经历之后,大家对他的同情转为了尊敬。他以"我要带领国家和人民成为一只美丽的蝴蝶"为竞选口号,赢得了一片赞赏之声。最终他以高票当选为总理,并在1997年再次获胜,连任总理,人们亲切地称他为"蝴蝶总理"。他就是加拿大第一位连任两届的总理克雷蒂安。

一位伟人说过:"要么你去驾驭生命,要么是生命驾驭你,你的心态决定了谁是坐骑,谁是骑师。"命运在很大程度上并不能决定一个人最终的成就,真正决定一个人成就大小的是这个人的精神状态,是他面对困境时所拿出的态度与决心,只要你是一个精神的强者,具备打拼的勇气,那么你一定能够让命运在你的面前低头。

一个人的人生究竟最终会如何,完全取决于怎样对待。只要我们敢于与逆境抗争,我们一定可以重新书写自己的人生。世上那么多成功的政治家、企业家、科学家及其他方面的成功人士,他们的人生也和我们一样,都曾经面对过人生的逆境。但是他们没有被逆境时候悲惨的生活所吓倒,他们始终微笑面对。凭借着不断的努力,他们取得了最后的成功。比如,世界上最伟大的推销

员乔·吉拉德就是如此，在35岁的时候，他依然不能养活自己的妻子儿女，但是他没有放弃，最终在汽车销售领域取得了巨大的成就。

逆境是一记警钟，它敲醒了迷茫者；逆境是一块试金石，它淘汰了弱者；逆境也是一个课堂，它教会了强者如何成长。志向高远的管理者面对逆境时不该沮丧与彷徨，而应报以从容的微笑。

所以，无论我们是处在顺境还是逆境，都不能被外界的荣誉迷惑了双眼，或者被不幸的遭遇击垮。自古英雄多磨难，从来纨绔少伟男。逆境不可怕，顺境也并不是完全可靠，会居安思危的人才能有所成就，而怀有"塞翁失马"心态的人，更能拨得云开见月明。

3.不为一时的成败所困扰

要是人生的顺境和逆境让我们选择，我们都会选择前者。但生活本身往往并非如此。雨果说过，"人在逆境里比在顺境里更能坚持不屈，遭厄运时比交好运时更容易保全身心"，我很喜欢这句话……幸运岁月成长的一代人，我为你们祝福。我真诚地祝愿大家学问精进，事业成功，爱情美满，家庭幸福。但是我更希望你们在面对不期而遇的艰难险阻时勇敢乐观、从容不迫、沉着坚定、充满自信，做一个既会享受生活又会创造生活的强者。
　　　　　　　　　　　　　　　　　　　　——谢冕

谢冕，文艺评论家，曾任北大教授。

所谓"胜败乃兵家常事"，不单是打仗，在我们日常生活中、事业上，遇到的各种挫折、荣誉大大小小不计其数，或许算不上大起大落，但我们却仍要以平常心、乐观心相待，起码要做到宠辱不惊，这样才能以更好的精神状态来

第十一章 积极乐观，给下属创造并传递正能量

敦促自己更加上进。

北大校友、新东方创始人俞敏洪出生在江苏省江阴市的一个农村，贫困的家庭环境让父母从小就给他灌输了"知识改变命运"的思想——要么就不做，要做就做好。于是，年幼时的俞敏洪便把"北大"这个中国高等学府作为自己高考的目标。

但是，由于英语底子太差，第一次高考他铩羽而归。

落榜的他虽然沮丧，但并不气馁，知道了自己的弱项，便用了一年的时间恶补英语。但令他万万没有想到的是，他再次栽到了英语的手里。诚然，第二次高考他仍以名落孙山而告终。

这次，俞敏洪有些动摇了，再次复读可以咬牙接受，但如果一年之后再因英语而落榜呢？痛定思痛，权衡再三，俞敏洪毅然决定：大不了再复读一年，一定要把英语拿下来！

一年后，他不仅如愿拿到了北大的录取通知书，而且进入外语系学了英语专业。

苏轼曾说："古之立大事者，不唯有超世之才，亦必有坚忍不拔之志。"在我们每个人的体内，都蕴藏着巨大无比的潜能，只有积极向上的乐观心态才能将这些潜能开发出来，帮助我们成就伟大的事业；而消极的悲观心态则会使我们彻底放弃潜能的开发，挥手告别"前途"的同时，也令我们变得胆小怕事、软弱无能。

北宋著名的政治家范仲淹，是"庆历新政"的代表人物。而当他被谪居饶州时，却能不为这惨境所困扰，并且"心旷神怡，宠辱偕忘，把酒临风，其喜洋洋者也"。北大老校长马寅初，因其"新人口论"蒙冤获罪，而又遭到专横无理的批判，终被革职。当他从儿子口中得知自己被革职一事时，他只是漫不

经心地"噢"了一声。数十年后拨乱反正,当他的儿子告诉他被平反的喜讯时,马老又仅仅是轻轻地"噢"了一声……

外表看似静若止水,内心却拥有着包容与睿智,这是多么的可贵啊!这样乐观豁达的处世之态,的确值得我们后人学习。

对于领导者来说,更不能为一时的成败所困扰,因为不是你自己在奋斗,而是带领着一个团队、一家企业。

杰克斯在洛杉矶一家公司担任高级主管,待遇优厚。但在他45岁的那一年,公司开始裁员,杰克斯失业了。

此时杰克斯的人生一下子灰暗到了极点。他30岁的时候,加入这家公司,五年后,升任高级主管。他以为一切都会顺利下去,但现在他失业了,这让他一下子难以接受。

杰克斯躲在家里,不敢出门,因为每当看到忙碌的人们,他都会觉得自己没用。他的脾气也越来越大,妻子和孩子在他面前都不敢大声说话,情况似乎越来越糟糕。

但就在这个时候,一个朋友向他咨询关于销售的问题,而这恰恰是他所擅长的东西,这让他忽然来了灵感。为什么自己不注册一家咨询公司呢?他似乎又重新找到了自己的方向:为更多的销售人员提供建议、出谋划策。

三个月后,杰克斯注册了一家自己的咨询公司。经过他的努力,公司很快就开始盈利。

马云在《赢在中国》一期节目里讲道:"对于创业者来说,今天很残酷,明天更残酷,后天很美好,大部分人死在明天晚上,看不到后天的太阳……"这就是坚持与放弃的巨大影响力,它拉开了希望与绝望、成功与失败的鸿沟。

我们永远也无法预知自己会在什么时候陷入人生的低谷，但是我们要做好应对人生低谷的准备。只有这样，我们才不会被低谷期的不如意击垮，才能在低谷期从容地解决生活中的种种麻烦，最终收获成功。

陆游说："山重水复疑无路，柳暗花明又一村。"当我们突然跌落谷底的时候，也正是我们攀向新的高度的时候。因此，一时的失败不等于永远会失败，一时的成功也不代表着你一定会更加成功。作为领导者，只有跳出"成败"这个圈，才能从一个客观而冷静的角度来看待成败，才能不为其困扰，也才能在事业上取得更大的辉煌。

4.让积极思考成为一种习惯

> 人的一生总会遇到许多困难的，学会这种使矛盾的一方（困难）向对立面（有利）转化的辩证法，你会终身受益的。　　——徐光宪

徐光宪，当代著名化学家，中科院院士，曾任北大化学系教授、博士生导师。

同一个问题，由于思考方式与角度的不同，也便导致了两类具有不同人生观的人，即乐观者和悲观者。悲观的人先被自己打败，然后又屈服于生活；而乐观的人先战胜了自己，而后生活也将对他俯首帖耳。你要明白，伤害你的不是这件事情本身，而是你自己的心态；悲观是对自我的毁灭，而乐观永远都是心灵的救赎。

俞敏洪在培训学校打工的时候，工作时间一久，发现当时有很多培训学校在一些对待学生的管理态度和理念上都存在有不同程度的缺

陷。后来他突发奇想,为什么我不办一个这样的学校呢?我作为一个外语老师,非常清楚地了解学生心中所渴望帮助的心理。

于是,他开始在不同的专业领域中寻找市场,并不断地改进方式。通过不懈的努力,他最后终于在中国的民营外语培训学校里成了领头羊。

12年后,俞敏洪回忆当年创办新东方的初衷时这样说:"我也是从学生时代走来的,而且为了高考还参加过辅导班。我就想,如果我来管的话,应该通过什么样的方式帮助学生、吸引学生。我总在困难中寻找希望,但是最后终于达成了目标。"

最后,俞敏洪告诫创业者说:"没有任何外面的力量能把一个人或者一个机构打败,能把一个人打败的是他自己的内心世界,把一个机构打败的是其内部的管理。"

用积极的心态思考问题,总能让我们在遇到思维死角的时候豁然开朗。同时,这种积极的态度也能使我们在拼搏进取的过程中一直保持努力向上的状态,最终实现目标。

古人听到杜鹃、子归鸣叫,首先联想到的便是啼血、哀鸣,而后无限哀思席卷而来,便又让人郁闷了。鸟鸣依旧,山水依然,星是当时星,月是旧时月,只是有人看到的是豁然开朗,有人接收到的偏偏是伤感悲观的讯号。

《庄子》中说,樗树的小枝弯弯曲曲,树干结疤又多,是无用之材,但正因为如此,谁也不去砍它,结果它存活了下来,长成了参天大树。当有事让你烦恼时,别丧气懊悔,应该多往好处想一想,说不定换个角度你就能把它利用起来。快乐是自己选的,烦恼是自己找的。悲观和乐观都在于你看问题的方式、方法和角度。

第十一章　积极乐观，给下属创造并传递正能量

医院里有一位饱受病痛折磨的妇人，据医生诊断，她已病入膏肓，仅剩数周寿命。她整天思考死亡的恐怖，心情坏到了极点，经常乱发脾气。

哲学家朗姆·道恩斯去安慰她："我觉得，你不必花那么多时间去想死，如果每天都考虑如何快乐度过剩下的时间岂不更好？"

妇人逐渐冷静下来，心想：是啊，我一直都在想着怎么死，完全忘了该怎么活了。

几个星期之后，妇人还是去世了。她在死前不仅没有伤心不已，还充满感激地对道恩斯说："这几个星期，我活得比前一阵子幸福多了，我拥有了以前从来没有过的心态，得到了从未曾体会过的一种东西。"

生活中不如意的事很多，如果你总是因为这些事情而担忧的话，那么你永远也不会有快乐的时候。因此，当自己的处境不好的时候，不妨凡事多往好处想想，或许你就会轻松快乐起来。当积极思考成为一种习惯，还会有什么事情不能看开呢？

鲁滨孙在荒无人烟的孤岛生活了28年。初到孤岛时，他的绝望难以形容，他说："这凄凉的环境让我痛不欲生，没有食物，没有房屋，没有衣服，没有武器，没有出路，没有被救的希望，眼前只有死，不是被野兽所吞，就是被野人所嚼。"但是，渐渐地，他知道任何悲观的想法都不能拯救他。于是，他不再整天沉浸在自己设计的悲观中，而是开始一心一意地安排自己的生活。他建了小房子；做了桌子、小匣子；捕了小羊、小狗；种了小麦、稻子。孤岛独处的日子也被他过得有滋有味。

失意虽然不是好事，但也绝非一点作用都没有，一个豁达的人能够将失意看作人生的一个特殊阶段，用它丰富自己的人生，让自己得到升华，领会另一

番人生感悟。对于那些因为遭遇一点困境就唉声叹气甚至一蹶不振的企业领导者来说，在自以为山穷水尽之时，不妨用积极乐观的思维思考面临的问题，或许就能柳暗花明看到希望的曙光。

5. 多用积极暗示，提升团队士气

为什么你不要自傲和自卑？你可以说自己是最好的，但不能说自己是全校最好的、全北京最好的、全国最好的、全世界最好的，所以你不必自傲；同样，你可以说自己是班级最差的，但你能证明自己是全校最差的吗？能证明自己是全国最差的吗？所以不必自卑。

——俞敏洪

俞敏洪，毕业于北大，新东方集团创始人。

领导一个团队，就像率领着一支部队出征战场一样。而员工的士气，在团队中无疑有着至关重要的作用。作为团队统帅的领导者必须让自己的手下保持高昂的士气，这样才能保证自己的团队无往不胜。

但是该如何提升团队士气呢？最简单有效并能较长时间维持士气的方法，即是领导者给员工积极的暗示。试想，一个整天步入公司大门就摇头叹息的领导者，如何能让员工在他身上看到充满希望的未来？只有一个时刻精神焕发的领导者，才能传递给员工奋进向上的能量。

在阿里巴巴员工的眼中，老大马云是一个激情四射并且永远不会偃旗息鼓的人。至今，阿里巴巴依然保存着这样一段录像：1999年阿里巴巴刚成立时，在杭州湖畔花园马云家中，马云的妻子、同事、学

第十一章 积极乐观,给下属创造并传递正能量

生、朋友共18个人。当时留着长头发的马云手舞足蹈,充满激情地慷慨陈词:"从现在起,我们要做一件伟大的事情。我们的B2B将为互联网服务模式带来一次革命!"

马云说:"你们现在可以出去找工作,可以一个月拿三五千的工资,但是3年后你还要去为这样的收入找工作。虽然我们现在每个月只拿500元的工资,一旦我们的公司成功,就可以永远不为经济所担心了!"

很显然,马云的话带有一些理想主义的色彩。但就是这些话,却让拿着500元工资的员工们干劲十足。在当时的马云家里,时常通宵亮着灯,员工们不计较谁干多干少,也不计较拿500块钱的工资却干几倍的活。

一个有激情、活力四射的领导者,就能用这种昂扬向上的态势给团队一种强烈的心理暗示:大胆地干吧,没问题!于是,一支队伍必然充满激情,虎虎生风,敢闯敢干,斗志昂扬。因此,阿里巴巴熬过三年的创业阶段后,一举成为电子商务的排头兵。

领导者始终有能力影响人们并因此影响他们的行为。如果你想创造一个鼓励信任、快乐和具有个人发展空间的氛围,那么你将能建立一个可持续的、高效的团队,在这个过程中,你还会创造出更多新的领导者,还愁日后的事业会不辉煌吗?

当然,用暗示的方法提高员工士气的途径还有很多,下面大致介绍几种。

(1)领导者要穿出自信

一般来讲,领导者的穿着和装扮也会给人一种暗示:穿上得体讲究的服装,除了自己很自信外,也会给员工留下一种积极向上的感觉;反之,着装上过于随便,总会让人感到慵懒和没有进取心。俗话说,"人靠衣服,马靠鞍",穿着讲究的人总能显示出更强的办事能力。

所以,对于企业领导者来说,选择服装的时候,要根据不同的职业、身

份、所参加的活动、面对的客户等多种情况,精心挑选最适合的衣服。要知道,你的外表造型会在你开口说话之前向他人展示和介绍你的情况。试想一个连穿衣服都搞得一团糟的人,怎么能够让他去带领一个团队呢?

(2)将积极向上的话作为口头禅

正所谓"言由心生"。如果你的心里充满阳光和自信,那么你的口头禅也自然是正向和积极的。不要小视心理暗示,如果可以充分利用好以下形式的口头禅,你一定会在不经意间发现,它们的作用竟如此之大。而你的下属,更会受益匪浅。

涂文开曾是一位人力资源经理,他的口头禅是:这是一件好事。这句话在他说出的同时也在鼓舞着同事、下属。如今,涂文开在其新书《这是一件好事》中说:"与其为过去的失败纠结,不如为新的成功探险。"

美国总统奥巴马是非常喜欢"恕我直言"这种口头禅的代表人物。而这样的口头禅,不仅可以表达上司强势的态度,还会让下属感觉到你语言的力量——这也是积极暗示的一种。

(3)不吝啬用赞美的话经常鼓励员工

战国时,秦统一六国,独霸天下,燕国不甘败北。当时,民间有位侠士,叫荆轲,此人勇力过人,却是相当自负。燕王利用了荆轲自负的弱点,广泛宣扬此人如何高尚、如何侠义,给他扣了好多顶大帽子后,便有了后来"荆轲刺秦王"的典故。

虽然后人多是站在荆轲勇气可嘉的角度看待这一典故,但把它运用到企业管理中是十分有效的。作为领导者,首先应该明白自己员工的心理;其次,学会赞美下属。做到这些,就能在很大程度上激励下属的士气。

(4)领导者以自己的热忱去激励下属

热忱是一种意识状态,能够鼓舞及激励一个领导者对手中的工作采取行动。

雅虎创建人杨致远在香港《财富》论坛上接受记者采访时曾说:"我认为

我性格中最大的特点是热情和负责任。我认为一个企业家不仅要有目标去建立一个大公司，而且要永远有颗热忱的心去将这个目标变成现实。"

如果一个领导者充满了热忱，下属就可以从他的言行举止间看出来，并且以之为榜样，不自觉地也让自己充满了干劲。

总之，想要合理地利用鼓舞员工的手段，领导者就必须充分地了解自己的下属，只有这样，实施的管理办法才能有的放矢，也才能收到最好的效果。

6.摒弃阻碍你行动的消极思维模式

> 其实你真正的原则就是，你什么时候能够很自我地应对自己。但这个说白了，还是需要有实力的。
> ——王志东

王志东，毕业于北大，新浪创始人。

假设你有种糟糕的思维模式——一种总是不断重复的消极的想法，并且已经影响到你的行动，诸如"我好挫败"，或"我讨厌我的工作"，或"我干不了这个"，或"我想逃避"……当我们的脑海被这些消极的思想占据时，该如何才能打破现状呢？

季羡林曾说："我深深地感觉到，一个人如果失掉快乐，那就意味着，他同时也已经失掉了希望，失掉了生趣，失掉了一切。"心理学告诉我们，一个人的心理暗示非常强大，常常会让我们做出不可思议的举动，说出非理智的话。作为一个企业的领导者，更是要提防这种消极的思维模式，要是任由其发展，纵容其大行其道，那么，到最后只会严重阻碍你的行动。面对消极思维模式，我们该怎么办呢？

有一个著名的选择题：当心里有了压力，你该怎么办？

下面提供了两个选择：

一是隐藏起来，文明化要求我们隐藏紧张。就某一程度而言，这叫作礼貌和克制。但过分压抑的结果，是挫败感和胃溃疡。紧张是你神经系统的垃圾，如果不剔除，它会腐烂你的神经系统。

二是流露出来，你会本能地宣泄出过分的压力和紧张。若不小心控制，它会从潜意识中泛滥出来。紧张借由潜意识流露出来的话会产生生病、冷漠、突然生气、暴饮暴食、滥服药物、多话等现象。

对待心理紧张时，要充分地利用理性思维去分析，认识到心理紧张会造成生理方面的疾病，而且当紧张影响到生理时，表示它正在蹂躏我们的躯体。为了排除这种紧张，人们往往会选择很感性的方式，这让人们的心理能够得到更大的慰藉，譬如借酒消愁或者饮用过量的咖啡，都是人们在紧张时刻的自我保护方式。

从容者面对心理压力时能够保持足够的理性，想方设法地排除压力，排除紧张和忧虑。他们的核心理念是善待自我，把压力控制在一定的可以掩藏的范围内，或者直接发泄出来，这两种都是可行的却也存在缺陷的方法。

有个名人说过："一个人的成就，绝不会超出他自信所能达到的高度。"的确，只有自信，才能够让我们感觉到自己的能力，而消极思维模式影响人们的思想观念，打击着我们的自信心，进而影响人们的行为方式，已经成为个人发展道路上的拦路虎。

因此，不妨去改变一下这种消极的思维模式，"穷则变，变则通，通则久"，转变观念，要对消极的思维模式说"不"。一个高明的领导者，不仅需要抑制自己这种消极的想法，释放自己消极的态度，还要从根本上彻底摒弃这种消极的思维模式。

告别消极的思维模式之后，我们才能跳出麦田怪圈，以理性眼光分析问题、判断问题、解决问题，在实践中尽量少走弯路，多走捷径，努力走出一条自我提升之路。

美国心理学专家塞利格曼教授指出,有三种消极思维模式会造成人们的无力感和挫折感,最终会毁其一生。一是永远长存,二是无所不在,三是自我否定。永远长存是"一朝被蛇咬,十年怕井绳",是一种时间上的自我束缚,把暂时的不幸与悲哀无限地延长。无所不在是一种空间的自我束缚,在某一方面遭到挫折和失败,从而认定自己在其他几方面的成功概率也低,使自己终日笼罩在失败的阴影里而看不到成功的希望。自我否定是一种自我摧残的方式,一味地打击自己,使自己无法振作。

这三大消极思维模式犹如三座大山,压得很多人都喘不过气来,使人们碌碌无为,惶惶不可终日。作为领导者的你,有过这样的情形吗?如果有,请尽快从消极心态的阴影里解脱出来。记住德国人的一句俗语:"即使世界明天毁灭,我也要在今天种下我的葡萄树。"

7. 先相信自己,然后别人才会相信你

> 要相信自己能做事情,能改变自己的命运。为自己做出明确的人生选择,并且坚定不移地走下去。
> ——俞敏洪

俞敏洪,毕业于北大,新东方集团创始人。

索拉里奥在成为画家之前只是一个流浪街头的修补匠。他每天早上都会告诉自己,要成为一个像安东尼奥那样的画家。结果十年以后,他果真成了一名著名画家,红极一时,其声誉远远盖过安东尼奥。

我们总是怀疑自己的能力,认为自己这不行那不行,最常干的事情是长他人志气、灭自己威风,最后失败了,哀叹一句:我早就知道会失败……殊不知,一个人最大的敌人莫过于自己,外在的挑战虽然严酷,但总能克服,唯有

内心里的那个自卑的自我，最难打败。

苏格拉底有一位得力的助手，苏格拉底想收他为徒。

一天，苏格拉底说："我需要一位最优秀的承传者，他要有过人的智慧，要有充分的自信，你能帮我去找吗？"

"好的。"助手尊重地说。

助手把一位又一位青年才俊带到苏格拉底面前，却都被苏格拉底一一否决。

终于有一次，当助手再次无功而返时，病入膏肓的苏格拉底说："你找来的那些人，其实还不如你。"

"那我一定继续努力寻找。"助手很有挫败感。

听了这话，苏格拉底苦笑了一下。

半年之后，苏格拉底眼看着就要辞别人世了，可是最优秀的传承者还是没有找到，助手无比惭愧地说："我让您失望了！"

苏格拉底说："我的确很失望，但你对不起的人应该是你自己。本来，最优秀的就是你自己，只是你不敢相信自己，才把自己给忽略了。"

于是，一代先哲苏格拉底离世，留下目瞪口呆的助手在床前懊悔。

罗曼·罗兰说："先相信自己，然后别人才会相信你。"一个有自信心的人，会主动表现自己，总会抓住每一个能锻炼自己、提高自己的机会，他不仅相信自己可以胜任这个任务，而且会做得很好。

自信心是一种内在的精神力量，一般来说，一个人因自信而成功，这就告诫我们如今的企业领导者：一个高明的领导者一定是一个自信的人，他会用自信去促使自己成功，并用自信去感染下属和员工，带领他们一同创造新的辉煌。

第十一章 积极乐观,给下属创造并传递正能量

李开复曾跟人说起过这样一件事情:

"我接手了一项极为重要但又缺乏资源的项目,正当我考虑要怎么把它做好时,我很意外地收到了一封毛遂自荐的信。这封信来自一位在微软技术支持中心工作的经理。她在信中说:'虽然我没有这方面的经验,但是我曾在多个部门工作,而且学习很快。我愿意用我自己的时间帮你把这件事情做好。我不需要酬劳,我也不是申请工作,我只是希望为中国做点事情。你选择我没有风险,因为我至少可以把每个细节都帮你想清楚,这样可以节约你的时间。'

"我之前怎么也不会想到要把这个工作交给一位业余而又没有相关经验的人来做。但我最后还是抱着试一试的心理让她去做了。事实证明,我的选择是对的。她把这件事情做得非常好,微软后来三年中提供给中国的外包业务量增加了三倍。

"后来,微软亚洲研究院有一个很好的工作机会,沈向洋院长要我推荐人选,我想到了这位多才多艺的志愿者。她就是今天微软亚洲研究院高校合作部总监宋罗兰。"

埃及作家、文学评论家塔哈·侯赛因,三岁时就双目失明。他顽强自信,留学法国,成为埃及历史上第一位博士,被世人誉为"阿拉伯文学支柱"。古希腊著名演说家德摩斯梯尼,原先患有口吃病,幼年结巴,演说时常被人嘲笑,他始终自信,为了克服疾病,口含小石子每天练习,终于成为辩驳纵横的演说家。

高尔基说:"只有满怀信心的人,才能在任何地方都把自己沉浸在生活中,并实现自己的理想。"自己有充分的自信,相信再多的失败和挫折也能化险为夷。自信能提高领导力,能增强领导者的勇气和斗志,能促使领导者带领员工团结一致共创佳绩。正所谓,自信者不疑人,人亦信之;自疑者不信人,人亦疑之。

第十二章

终身学习,不断地完善和精进自我

1.意识到无知,是有知的开始

我只是一个科学家,即使年轻20岁,也不可能成为企业家和CEO,因为我的基本素质与企业家差距甚远。我不懂经营,对财务一窍不通,也不擅长管理。中国的高新技术企业现在最需要的是优秀的企业家和企业领袖,其次才是技术专家。

——王选

王选,著名计算机科学家,毕业于北大数学力学系,曾任北大计算机科学技术研究所教授。

2002年,王选教授在给北大学生作讲座时,认为自己是"努力奋斗,曾经取得过成绩,现在高峰已过,跟不上新技术发展的一个过时的科学家"。

王选先生是我国著名计算机科学家,他所领导的科研集体研制出的汉字激光照排系统为新闻、出版全过程的计算机应用奠定了基础,被誉为"汉字印刷术的第二次发明"。但就是这样一个取得如此风光成就的人,却用"不

第十二章 终身学习，不断地完善和精进自我

懂""一窍不通"来形容自己，可见他多么有自知之明。而就是这样的心态与认知，才让他不断追求完善自我，直至成功。

中国人历来把自知之明看作君子的道德，《道德经》有言："知人者智也，自知者明也。"领导者只有了解自己，对自己有一个清醒的认识，才能做自己应该做的事情，而不会因其他诱惑迷失。

> 刘邦平定天下后，有一回与大臣们闲谈，感叹说："夫运筹帷幄之中，决胜千里之外，吾不如子房；镇国家，抚百姓，给馈饷，不绝粮道，吾不如萧何；连百万之军，战必胜，攻必取，吾不如韩信。此三者，皆人杰也，吾能用之，此吾所以取天下也。项羽有一范增而不能用，此其所以为我擒也。"
>
> 这便是刘邦著名的"三不"理论。
>
> 还有一次，刘邦与韩信阅兵，谈及将领的才能大小，问韩信如何看待自己的领兵才能。韩信坦诚地说："臣善将兵，多多益善；陛下不能将兵，而善将将。"
>
> 刘邦始终将自己归为"无知"的行列，却是众人眼中的"大知"之人。

有句话说，意识到无知，是有知的开始。一个骄傲自大的人固然看不到自己的不足，满眼只盯着自己的优点，并为之扬扬自得高兴不已，哪里会有向他人学习的心思与动力？而那些有自知之明，并时刻保持着谦虚态度的人，才能够不断学习，并且不断完善自己。

中国有句古话，叫作"学海无涯苦作舟"，告诉了我们面对知识的海洋，个人的见识是多么的渺小。同样，在古希腊的德尔斐神庙里，刻着一句传诵千古的话：认识你自己！大哲学家苏格拉底对它给出了一个最好的诠释："我唯

一知道的一件事情，就是我自己什么也不知道！"正是这种谦虚心态，才成就了苏格拉底的深厚哲学思想，泽被至今。

在美国人心目中，或许没有什么文章能比林肯讲话所用的字句更优美的了！有人曾歌颂他所写的散文"像音乐一般的悦耳"。比如，他在第二次总统就职演说中，曾说了这么一句名言：With malice towards none, with charity for all（勿以怨恨对待任何人，请以慈爱加给所有的人！）。

一个庸碌无为而且目不识丁的木匠父亲，与一个平庸的家庭主妇的母亲，生就了一个语言天才的总统。这不能不让人为之感到震撼。不仅如此，林肯所受的教育是"极不完全的"，他一生只进过不满一年的学校。

可幸运的是，他认识到自己的"无知"，并努力往"有知"的道路上靠。他曾每天和许多农夫、商人、律师商讨着国家大事、世界大事，从他们身上学习到许多的知识和道理。林肯成功的秘诀是："每个人都可以做我的老师。"

只有先认识到自己的无知，才能形成自己虚心向人学习的动力，才能发掘潜能，不断取得进步，达到预定的目标，迈向成功。意识到无知，是有知的开始。

著名的管理专家及畅销书作家，被评为"影响中国管理十五人之一"的吉姆·柯林斯先生，在谈及领袖领导力时曾说："我们研究过的那些最出色的领袖，内心里永远是一个学生，我想他们一直把自己看作所在领域的新手……我认为最重要的是一种终身学习的态度。我遇到过的一些非常出色的商业领袖都是好奇心很强的人，他们明白一个道理：人们不知道的永远比知道的多。也许这也是'第五级领导'谦虚品质的一部分。认为自己很博学,和认识到自己所知甚少,是有极大区别的。意识到自己的无知,就是谦逊的一种表现形式。"

大凡领导者都肩负着巨大的责任和使命。凡是遇事深陷其中的人常常钻进牛角尖里出不来,死板固执,难以变通;不能清醒判断,不能审时度势,不能努力应对——这也就注定了他必然失败的结局。

明智的领导者想要正确认识自己,就要自觉地对自己的能力、才干、学识、素养等进行分析,从而有一个清醒的认识。比如,自己是什么水平,有什么知识,哪里还需继续完善,哪里做得不够好……思考清楚了这些,一个人在为人处世时才能摆正自己的位置,从而敦促自己不断进取,以求上进。

2. 以知识丰富头脑

> 我自十余岁起,就开始读书,读到现在,将满六十年了,中间除大病或其他特别原因外,几乎没有一日不读点书的,然而我也没有什么成就,这是读书不得法的缘故。　　　　　　——蔡元培

蔡元培,革命家、教育家、政治家,1916—1927年任北大校长。他革新北大,开"学术"与"自由"之风。

蔡元培治学有"四诀",即宏、约、深、美。其中"宏"是指知识结构要博大宏伟,兼收并蓄,了解临近各个知识领域之间的内在联系,加以贯通,以打下坚实基础。

古人云"学无止境"。那些能在历史上留下浓墨重彩的人,或许称不上绝对的学富五车、满腹经纶,但大都也是才识不俗,乐得以诗书为伴,用书中知识丰富头脑的人。

对于一个人来说，无论在何时，对新鲜、先进事物的学习都不能间断，如此才能保证与日新月异的世界并驾齐驱，才不至于落伍，从而丢掉自己的梦想。

曾为北大教师，今是新东方总裁的俞敏洪，在一次"学习改变人生"的命题讲座中深有感触。他说，自己无时无刻不在与学习同行，是不断地学习成就了他的今天。

据俞敏洪自己坦言，在他的个人履历中，曾历经了四个重要阶段：

第一个阶段，连续三年的高三复读，不仅让俞敏洪全面掌握了知识，在很大程度上磨炼了他学习的毅力和意志力。他说："从那时起，我就成熟了。"

第二个阶段，在北大的四年大学生涯里，"阅读"几乎成了俞敏洪课外生活的全部。大量的哲学、文学书籍奠定了他深厚的人文基础，树立了正确的人生价值观。

第三个阶段，向社会学习。俞敏洪感慨，从北大老师的岗位辞职后，他与公安、城管、街道办等社会各个阶层打交道，向所有的人学习，才使自己渐渐适应了这个社会。

第四个阶段，"新东方"决定到美国上市后，已是不惑之年的俞敏洪仍旧一点一滴地积累着如何进行国际交往、运营国际资本等知识。

学习如逆水行舟，不进则退。如果一个人脑袋空空，对现代社会所需茫然无知，对潮流走势更是一知半解，那他必定会被社会淘汰。比尔·盖茨说："拿走我所有的财富，把我丢在沙漠，哪怕只有一个商队经过，我都会再次成为世界首富。"为什么他能这么自信？因为他的头脑才是他挣钱的资本。

贺岁影片《天下无贼》里，黎叔有句话："21世纪什么最贵？人才！"瞧瞧，这年月连小贼都知道人才的重要性，那我们是不是也要躬身自省，及时给

第十二章 终身学习，不断地完善和精进自我

大脑充充电，补些新鲜的营养呢？充盈自己，对自己的头脑投资，才是最好的理财方法。

一群大学生毕业十年后，相约到母校聚会。教授问他们："你们毕业后，平均每月看过一本书的请举手。"学生们都露出惭愧之色，没有一个人举手。

教授很失望："一个月看一本书，对任何人来说都不困难，为什么你们一个人也做不到呢？难道你们认为在学校学习的那点知识已经够用了吗？难道你们在工作中没有遇到任何问题，不需要学习新的知识来解决吗？"

教授的话着实令人深思——走上工作岗位后，能坚持平均每月看一本书的人有几个？难道是因为不需要或者没有时间吗？当然不是。大多数人从学校毕业后进入社会就失去了进取之心，得过且过，当然也就不会再有什么进步。

一个人步入社会时拥有多少知识并不起决定性作用，他自我进修的态度才是决定事业成长高度的因素。只有气充满了，球才能跳得更高；油充足了，车才能行得更远。同理，我们如果想要跟上时代的步伐，就必须时时刻刻寻找机会给自己充电。

当然，我们也并不能只为读书而读书，所谓"尽信书则不如无书"，当一个人将所有的思想与意愿都寄托在书本之上，那无疑是可悲的。将它放在企业管理中来理解，便是在学习其他企业管理模式时，要去其糟粕、取其精华，不能好的坏的照盘全收，不然只会适得其反。

李嘉诚一直坚信，企业只有创造出适应本土市场需求的发展模式，才能在激烈的竞争中带领企业无往而不胜。故此，他的管理模式融合中外，既讲科学，又重感情。

在他看来，美国科学化的管理的最大优点在于，可以应付急速的经济转变。但是，这样的管理却不近人情。比如，业绩不太好时进行大规模裁员——这种模式并不适合中国的国情和市场体系。

李嘉诚正是早早地明白了这一道理，所以在其他企业还在一味地模仿西方管理模式的时候，就首先以自己独到的管理模式应和了中国市场和国人的需要。

李嘉诚说："我们的模式，原则上是西方管理模式，但是我们好的地方，是加入了中国文化哲学。"

美国著名商业杂志《FORTUNE》曾做过一项调查，调查结果显示：美国80%的财富仅被少数的20%的人拥有，余下的20%的财富被占人口绝大多数的80%的人拥有。针对这种情况，记者在后面注解说：即使我们将全国的财产平均分配，每人一份，那么若干年后，美国社会依然会被二八分配规律所控制。

记者注解的这句话令我们深思：到底是什么因素决定了他们始终能取得与众不同的成就呢？原因不难理解，据《FORTUNE》杂志统计，这20%的富人中来自各行各业，他们的民族、性别、性格、年龄等因素也千差万别，但有一样是这些人中绝大多数都具有的，那就是超于常人的知识。

而更关键的一点疑问是：在美国拥有大学学历的人比比皆是，那么为何不是所有掌握知识的人都拥有财富呢？其实很简单，掌握知识并不足以致富，致富的真正手段是在掌握知识的前提下能够合理地运用知识。

由此看来，书本上的知识浩瀚博大，其他企业的经营风格同样各有特色，企业领导者可以主动去学习，却不能照搬，只有融会贯通，有效结合，才能如愿取得好的领导业绩。

3.学习是为了创造

书籍是我思想文化的载体，每本书在内容上，必然会有其时代的局限性。我们在读书时，一方面要虚心体会，努力研求其中的深湛意

第十二章 终身学习，不断地完善和精进自我

蕴；另一方面还要有批评态度，要辨识前人思想的偏失。既要虚心，又要保持批评精神，才是正确的态度。只有在读书时勤于思考，加以分析，去粗取精，去伪存真，才能在前人已经达到的水平之上有所前进、有所创新。

——张岱年

张岱年，曾任北大哲学系教授。

所谓"教为不教，学为创造"，《儒林外史》中的范进、鲁迅笔下的孔乙己，都是封建时代的悲剧，只知道死读书而不懂得变通，最终只能沦为一个社会的迂腐代表。放在今天，也就是普遍的"高分低能"现象，不能不让人感到惋惜。

从古至今，几乎成熟的教育者，都是提倡在学习中要养成独立行知、发展创造的，如此才能活学活用，不至于浪费了一肚子学问。

曾有一个非常喜欢看史书的高中生，有一天他读到国学大师钱穆的作品，蓦地发现其中有一个观点似乎不太正确。在好奇心与求知欲的驱使下，他开始查阅大量典籍，终于找到了推翻钱穆这个观点的证据。

他将自己的论点认真整理好，怀着忐忑的心情将它寄给了钱穆。当时他就想，钱穆是一个享誉中外的大学问家，而自己还只是一个小小的高中生，自己的这个观点不一定会得到钱穆的认可，但为了心安，还是要试一试。

没想到，他很快就收到了钱穆的回信。钱穆在回信中不仅承认了自己的错误，而且对这个高中生敢于怀疑的精神大加赞扬，并鼓励他坚持下去。

就是这样的鼓励与支持，更加坚定了这个高中生敢于质疑与创新的思想，凭着自己孜孜不倦的求知精神，他后来也终于成为一代大

师。他就是号称"三百年白话文无人能出其右"的李敖。李敖不止一次提及这件事,他曾满怀感动地说:"在我的求学生涯中,钱穆先生这次鼓励是起了很大作用的。"

孔夫子说,"学而不思则罔,思而不学则殆"。如今这个社会早已不适合只顾埋头苦读的书呆子了,学习贵在运用,只有学以致用、敢于怀疑、敢于创新,才是真正的不枉所学。学习在于继承,而创造是开拓未来。一个总是原地踏步的人,终将为别人所取代,尤其是在领导岗位这个竞争激烈的地方,更需要我们不断地学习和创造。

事实上,创新更是一个探索未知的过程。在复杂多变的创新实践中,面对纷繁复杂的诸多现象,只有反复并深入学习,才能认清事物本质,决定前进方向,从而实现创新突破。

任何时代,只有书本也是不行的,古埃及托勒密王国的亚历山大图书馆图书足够多,然而却只是一个摆设,带不来文化的繁荣和国家的强盛,最终还是在战火中被付之一炬。因此,有书本固然是关键,但最关键的还在于学习和创造。

日本化学家福井谦一在上大学时,刚接触理论化学不久的他突然产生了一个大胆的想法:"既然有数理物理学,为什么就不能有数理化学呢?"在他人看来,这样的想法搁在一个年轻的大学生身上未免有点"狂妄"。但后来量子化学的产生,充分证实了他将量子力学等当时最先进的物理学理论引进化学研究领域的设想是很有预见性的。

但是,在当时日本国内重应用技术、轻基础理论的环境中,福井谦一的研究并不受重视。甚至当他的关于量子化学的论文在美国物理学会的《化学物理学》杂志上发表后,日本国内仍有些人不以为然,就连他的一些同事和上司也对福井谦一报以讽刺的态度。

20世纪60年代,福井谦一所创立的"前线轨道理论"受到欧美许多著名科学家的高度评价。从那之后,他才逐渐得到了日本化学界的承认。此后,他继续进行研究,把新理论的适用范围推广到芳香族碳氢化合物以外的其他各种化学反应过程。由于此项研究成果,1981年福井谦一荣获诺贝尔化学奖,成为日本也是亚洲第一位荣获诺贝尔化学奖的科学家。

真正的学习应该是一个不断用创新挑战固有知识的过程,在学习中,我们不能够自己把自己的自由空间堵死,不能把个性和内心隐藏起来。当一个人拥有了敢于挑战书本上或是理论大家的"名言警句"的勇气,他便有了新的突破。当然,这样的举动并不是要我们一股蛮劲向前冲,而是要有充分的依据,不然,推翻旧理论体系不成,反倒让自己成了笑柄。

当我们有了自我尊重的态度,并能唤醒自己内在的学习动机、激发自己的创造能力时,才能够做到"青出于蓝而胜于蓝",才能够让自己的能力得到升华,才能够让自己在领导岗位上越走越远。

4. 在反省中找到进步的支点

若真要评判一个人的成绩,那么应该看他今天比昨天长进了多少,从前的缺点现在补正了没有,从前未发展的能力和兴趣现在发展了没有。总而言之,现在比从前是否进步。这才是评判人有没有成绩的真问题。

——胡适

胡适,历任北大教授、北大文学院院长、北大校长。现代学者、史学家、文学家、思想家。

一个人最大的失败,莫过于活在自己编织的"太平盛世"般的梦幻之中,这样的人常常自以为是地自诩天下无敌,自我感觉过分良好,对于自身的不足与缺点浑然不知,直至浑浑噩噩度过荒诞的一生,真是人生一大不幸。

人的一生是一个不断自我完善的过程,而自我完善的前提就是反省,如此才能针对自身存在的缺点"对症下药",在此间找到进步的支点,从而做出一番事业来。

冯友兰先生是我国著名的哲学家、教育家,曾任北京大学哲学系教授,在哲学事业上造诣颇高。他在《中国哲学简史》中有过这么一段叙述:"做人不仅仅要思考,更重要的是,我们还需要思考我们的思考。做人不能以自我为中心,事事都从自己的角度出发,有些时候,多站在别人的立场上想问题,多'吾日三省吾身',很多棘手的问题也就迎刃而解了。"

冯友兰先生所提倡的便是曾参所说的:"吾日三省吾身,为人谋而不忠乎?与朋友交而不信乎?传不习乎?"他认为,解决人生中的难题,排解忧患,最好的方式便是自省。通过自省,才能找到自己的过错,才能够全面地去看待问题,从而以之为鉴,避免重蹈覆辙。

反省不是一个轻松活,毛泽东曾形象地说过,一个人自我批评,就如同对自己"扫灰尘""洗脸"。一个人有了过失,若是一味地粉饰遮掩,却往往欲盖弥彰,到头来不仅自己得不到解脱,周围的人也都对他有极深的成见;而若是主动承认错误,积极地进行自我批评,反而能赢得他人的认可与尊重。

自古以来,成就大事的人都是懂得反省的人:邹忌在别人的一片赞扬声中反省自己,从而认识到了齐国政治的弊端,采取措施加以改正,使得齐国"战胜于朝廷";唐太宗懂得反省自己,开创了"贞观之治"。而反观那些不懂得反省的人,一个个下场悲惨:西楚霸王刚愎自用,临死的时候还在怪"时不利兮骓不逝";崇祯皇帝不纳忠言,国破之时也没有反省自己的错误,高喊"群臣误我"，实在令时人愤慨，令后人感叹。

自省是一种良好的处世态度，懂得自省的人能够不断进步，同时也是对自己负责的表现。作为领导者，能够保持"吾日三省吾身"的态度，不断在这个过程中发现问题、解决问题，才有将事业做好、做大的可能，同时这也是今天的竞争对企业领导者提出的残酷要求。

> 晚清名臣曾国藩，在其留下的百万字的日记里，大多都是对自己行为的反省，这不能不让人为之震惊和敬佩。
>
> 当年曾国藩初到京师为官时，由于忙着应酬交际，而忽略了学习，于是他就在日记里痛批自己的行为，并决定谢绝应酬，减少交游。
>
> 曾国藩年轻得志，高傲自大，常常喜欢与人争论，结果经常使得朋友之间不欢而散。于是曾国藩也在日记里反省这样的行为。
>
> 创办团练的时候，曾国藩一时急功近利，伸手向朝廷要官，结果被雪藏了起来。这让曾国藩后悔不已，在他的日记里也有这方面的自我反省……
>
> 由此可见，曾国藩几乎每天都在对自己的行为进行反省。这也使得他不断改过完善，优化自己的行为，在官场中也越来越顺畅，终成一代中兴之臣。

反省贵在自觉。如果一个人不愿意在独处中面对自己的灵魂，那么他就很难自律自责，启迪内心良知，反思自身优劣，克制过分欲望。

身为领导者，我们必须有自省的意识。一个人一旦失去自省的意识和能力，那么他就会自矜自满，看不见自己的问题，更不能自救。经常通过自省来深刻认识自己、剖析自己，这样我们才能知道自己做人做事是否得宜，在哪些方面有差错，在哪些方面可以继续发扬。

古人云:"反己者,触事皆成药石。"对领导者来说,自省很重要。通过自省,进行自责,能够及时检查并发现自己的每一个细小过失,进一步有目的地严格要求和提高自己,防微杜渐,从而不断鞭策自己前进。

5.善于从失败中吸取经验教训

> 当失败降临的时候,也是我们最应该感到庆幸的时候,因为我们结束了一条不可能走到尽头的路,从而回到了正确的轨道上来。
>
> ——沈兼士

沈兼士,曾与其兄沈士远、沈尹默同在北大任教,有"北大三沈"之称,为中国新诗倡导者一。

《汉语成语大词典》中对"失败是成功之母"是这样解释的:母,先导;指善于从失败中吸取经验教训,才能成功。正如春秋战国时期的韩非子说的那样:一个进取者"不会被一座山压倒,却可能被一块石头绊倒"。

古人说:"前车之鉴,后事之师。"比喻先前的失败,可以作为以后的教训。失败,本身是一种损失,只有当我们从中吸取了教训,总结了经验,才会变得有价值。教训是一剂良药,是一个治愈失败的好方子,尤其是对于干大事业的领导者来说,从失败中吸取经验教训相当重要。

史玉柱从一开始创业做小本广告生意,发展到后来开发了脑白金,巅峰的时候脑白金的纯利润竟达到2000多万元,这样的成功让史玉柱飘飘然起来。不久,他更加放心地进入了房地产和服装等行业,并且开始巨额筹建巨人大厦。

第十二章 终身学习，不断地完善和精进自我

但是，预算为20亿元的巨人大厦，填补到最后70亿元都没完成。这么大的经济差价使史玉柱无法负担，并且欠下了巨额的债务，企业停止运转。

从依靠脑白金得到的滚滚财源，到后来巨人大厦轰然倒塌，欠下3亿多元的巨额债务，这样大起大落的遭遇对于在商界打拼的史玉柱来说，不得不说是十分惨痛的经历。但就是这样的天壤遭遇，让他从中学到了宝贵的经验教训，从而东山再起，创下商界的伟大神话。

经年之后的史玉柱，已然走出当时的失败并且铭记了失败的惨痛教训，注定不会再犯同样的错误，也就注定了今天史玉柱在商界举足轻重的地位。

英国著名小说家柯鲁德·史密斯说："对于我们来说，最大的荣幸就是每个人都失败过，而且每当我们跌倒时都能爬起来。"但是，生活中，多数人最终没有成为理想中的成功者，就是因为他们在遇到失败之后，不是积极地从失败中总结教训，而是一蹶不振，始终生活在失败的阴影里。

美国有一家市场情报服务公司，经理罗勃特酷爱收藏，共收集了75万件"失败产品"，并创办了一个"失败产品陈列馆"。他的出发点很明确，就是要让年轻人在比较中学会鉴别之所以失败的"所以然"。正如爱迪生所说的那样："失败也是我所需要的，它和成功对我一样有价值。只有在我知道一切做不好的方法以后，我才知道做好一件工作的方法是什么。"

爱迪生在成功发明灯泡之前失败了三千多次，史泰龙在获得第一次试镜之前失败了一千多次，孙中山在辛亥革命胜利之前经历了十几次的起义失败……凡此种种，无一不是在失败的教训之下一步步攀登到了成功的巅峰。

教训是一剂良药，是一个治愈失败的好方子。忘记失败，重复的错误只能使你更加失败；而牢记失败带来的教训，则会让我们收获到成功的喜悦。

被誉为"苹果教父"的史蒂夫·乔布斯,苹果公司在他的领导下创造了世界七个行业的传奇。但是,有句话说得好,风光的背后往往隐含着数不尽的沧桑。乔布斯这样荣耀的成功却是由许多次失败垒砌而成的。

当年,苹果公司动荡不安,在某些重大决策方面,由于乔布斯偏执的性格令他的态度十分强硬,引起众人不满,最终被迫离开公司,这使他非常痛苦。

当苹果收购了NEXT,乔布斯再次回到苹果参与创建的时候,他已经变成了另外一个人,和离开前那个固执、态度强硬的小伙子相比,他更为成熟睿智。显然,那些失败并没有使他放弃并记恨苹果,反而在失败中能汲取到养分供给自己。

俄国戏剧家奥斯特洛夫斯基有句美妙的话是这样说的:"人的生命似洪水在奔流,不遇着岛屿、暗礁,难以激起美丽的浪花。"人生难免会遇到失败与挫折,这是不可避免的。失败是把双刃剑,它既可使人日趋成熟,摘取到成功的桂冠;却也可能让人一蹶不振,失去了曾经的慷慨壮志,甘心与堕落为伍,注定要与成功无缘——这也便有了勇士与懦夫之分。

对于企业领导者来说,一次错误的判断,甚至一刻的犹豫,在紧要关头都可能被人抢了先机,继而令已在眼前的成功转眼归了他人所有。我们常说:被一块石头绊倒一次不要紧,要紧的是不能被同一块石头绊倒两次——第一次可以说成是意外,或者你没有准备好,但如果第二次还是栽在这一步上,恐怕没有人再会将你的过失看作偶然。

总之,在失败中崛起,时时刻刻勿忘当初,用教训警醒自己,这才是失败的真正价值所在。路漫漫其修远兮,唯有找到失败的因素,带着一次次的经验上路,才能走得更远。

因此,作为领导者,在第一次失败后,我们要做的不是找借口搪塞或是悲叹运气不好,而是要反省自我,认真总结失败的经验教训,避免下次再犯同样的错误。只有这样,才能够在事业上有更好的发展。

6.欣然地去接受批评和建议

> 我们面对的质疑和批评,是挑战也是机遇。　　——李彦宏

李彦宏,知名北大学子,百度公司创始人、董事长兼首席执行官。

中国有句古话,"良药苦口利于病,忠言逆耳利于行"。它告诉我们,每天听到溢美之词、歌颂之声,并不是一件好事,而那些反对的、不中听的意见,反而更有利于自己,就像那些苦口的良药,药到病除。

人无完人,一个聪明的领导者,对于同人的批评,对于下属的谏言,对于客户的质疑,都会从善如流,集思广益,察纳雅言,广泛听取意见。只有这样,才能在执行各项事务的时候采取正确的措施。如果一个领导者刚愎自用,听不得忠言,只愿意听那些谄媚者歌功颂德的话,而拒绝别人的劝谏,最后的结局只能是失去民心,落得一败涂地。

> 三国诸雄争霸期间,袁绍与曹操的实力对比悬殊:袁绍兵多谋众粮足,宜守;曹操兵强将勇粮少,宜速战速决。袁绍得意不已,意欲快速起兵应战,大败曹操。幕僚田丰极力反对,却被关入囚牢。
>
> 后来,袁绍果败,大伤元气,非常后悔自己没有听从田丰的建议,甚至觉得自己没有脸面见田丰。但是,有小人乘机进谗言,结果

袁绍恼羞成怒,不但不起用田丰,还萌生出杀害田丰的念头。

据说,田丰在狱中,狱吏贺喜说:"袁绍将军大败而回,您一定又会被重用啊。"田丰怅然说:"袁将军外宽内忌,不念忠诚。若胜而喜,犹能赦我;今战败则羞,吾不望生矣。"果然使者奉命来杀田丰,最终田丰自刎而死。

而袁绍的死对头曹操,面对不同意见,采取的则是与袁绍截然相反的态度。曹操在初定河北后,又与众人商议西击乌桓,曹洪等人极力反对。曹操听从郭嘉之言,费尽艰难破了乌桓。回到易州,重赏先曾谏者,并诚心对众将说:"我者乘危远征,这是侥幸成功。各位当初的谏言才是'万安之计',应该赏赐。以后不要怕提意见。"

正确的决策往往源于不同意见的交锋,尤其是反对意见。一个领导者若能倾听不同意见,从不同角度审视问题、分析问题,那就利于把所有细节考虑周全,把不利因素研究透彻,可以使正确的意见得到全方位论证,不完全的意见得到充分补充,错误的意见得到及时修正。从而规避风险,减少失误。

从善如流,古往今来在每个领导者身上都极为受用,更是现代企业领导者应该拥有的胸怀。位高权重的领导者,虽位在众人之上,但也并非是万能的,集思广益才能促进领导者做出正确的决策。接受批评和建议,可以补自己的不足之处,还能够显得领导者胸怀广阔。一举多得,何乐而不为?

2008年,央视曝光百度涉嫌宣传非法医药网站欺骗用户的事件,一时间,广大媒体、广大网民对百度搜索体验、商业运作和销售运营等问题展开重点关注和集中探讨,这无疑给百度集团一个沉重的打击。

面对民众的质疑和批评,以及一系列的舆论压力,百度CEO李彦宏通过内部邮件向所有员工发出公开信,首度做出表态。信中这样写道:

第十二章 终身学习，不断地完善和精进自我

"我们通过中文语言搜索技术对中国网民搜索需求的专注，实现了从无到有，从挑战到领先的成就。今天有中国最广大的网民群体使用百度，信任百度，这是对我们所付出辛勤努力的认同，也是对我们在技术、运营、服务等方面的更高要求。

"今天我们面对的质疑和批评，是挑战也是机遇，让我们在快速成长的过程中冷静下来，深刻反思自己走过的道路，看清百度生存和发展的基石和未来前进的方向。公司的成长都会经历阵痛，互联网的大幕才刚刚拉开，百度不仅要对自己越来越严格要求，同时也要在引领互联网产业向更健康的方向发展方面起到关键作用。

"古人说过，有错能改，善莫大焉。我诚挚地期盼与亲爱的同事们一起，用我们最大的努力，通过为用户和客户提供真实的信息和有效的服务，来实现我们的价值和百度的使命。"

树大招风，领导者身边不乏一些反对他的人，或者是一些正义而勇敢的人，在领导者处理事情或决定出现纰漏的时候，他们会提出善意的意见和批评。一个心智成熟而高明的领导者面对这样的情形，能够宽容地接纳，能正确地对待人们的反对意见。

但很多领导者却做不到这一点，面对批评和建议，有的领导者显得束手无策，有的领导者感到无可奈何，更有领导者把这些敢于提建议的人，视为眼中钉肉中刺，怀恨在心，不失时机地扔出一双小鞋来给他们穿。这样的领导者，未免心胸过于狭隘，不利于自身的成长和提升不说，还极易丧失民心。

7. 以怀疑的眼光看待事情

　　从来如此就对吗？

　　　　　　　　　　　　　　　——鲁迅

　　鲁迅，中国著名文学家、思想家，曾任北大讲师。

　　流传3000多年的羊皮卷《塔木德》中有句犹太人的智慧箴言："凡事自己不去思考和判断，等于把自己的脑袋交给别人。"

　　犹太人不仅是一个善于学习的民族，也是一个善于思考的民族。他们总是以一种冷峻的眼光看这个社会，他们拒绝崇拜任何偶像，不盲从大众的潮流。对于犹太人这种怀疑一切的态度，犹太人心理学大师弗洛伊德更是这样说："因为我拥有犹太人的两个天性：怀疑和思考，所以我发现自己没有受到偏见的影响，而其他人在运用他们的智力时，却受到了很多主观和外在的限制。作为一个犹太人，我随时都准备反对大多数人的意见。"

　　不错，成功永远是属于那些独立思考的少数人。他们总是以一种怀疑的眼光看待一切事情，从风险中看到机遇，也从成功中看到隐患，他们从来不人云亦云，不愿意放弃自己的独立思考。作为一个领导者，更需要具备这种眼光。

　　20世纪80年代，沃尔特斯成为英国石油公司掌舵人的时候，英国石油公司正在一场前所未有的危机之中挣扎。

　　在沃尔特斯上任前，石油公司一直是"金字塔"形的管理方式。虽然这种管理方式为公司创造了不可忽视的利益，但这个制度却严重限制了员工能力的发挥。

　　由此，沃尔特斯对"金字塔"形的管理制度开始产生怀疑，觉得

第十二章 终身学习，不断地完善和精进自我

这种管理制度已不能适应日益激烈的全球性的商业竞争。经过一番深思熟虑，沃尔特斯决定开始大刀阔斧地进行改革。沃尔特斯大胆地把"金字塔"形管理模式改成"太阳系"管理方式，这为公司注入了新的能量与活力，给了公司每一个人更多的选择权利和自主性。

这样一来，整个公司员工的积极性都被调动起来，灵活多样的投资决定开始不断涌出，使公司做出了最客观、最正确的市场预测和计划。

在沃尔特斯的领导下，英国石油公司内部机制得以完善，业绩明显好转并且蒸蒸日上，成为世界上第六大公司。

很多时候，我们在思考问题时，权威的论断以及既定成见的影响，往往会束缚我们的思维。而每一个优秀的领导者，都应该知道，只有善于独立思考的人，才容易获得成功。

菲·贝利说："哪里有怀疑，哪里就有真理，怀疑是真理的影子。"爱默生说："要独立思考问题，不要人云亦云。"希尔说："前人留下的脚印，并不是要后人踩着脚印亦步亦趋，而是启示后人理当往哪一个方向迈进。"无数事迹表明，只有敢于怀疑，才能开阔思维，自由发挥想象力。

20世纪70年代，全美经济开始出现滞胀和萧条。那时，毕业6年的特朗普，无意间打听到濒于破产的佩恩中央铁路公司所属的几家饭店准备出卖。

特朗普进行了考察，他瞄准了最不景气的康莫多尔饭店。每天早晨，大量来往于康涅狄格和韦彻斯特的衣冠楚楚的人们在旭日阳光下，踌躇满志地从饭店对面的火车站及地铁涌入大街。这是一个难得的位置，这应该是会带来很多商机的中心位置啊！可是为什么康莫多

尔这几年一直在亏损呢?

特朗普经过一连数日的观察和思考,终于知道了原因。原来,康莫多尔不仅连续多年亏损,还长期拖欠财产税。而且,饭店年久失修,外面成群的乞丐游来荡去,廉价的摊铺拥挤不堪,瓷砖肮脏,正厅又黑又暗,这给人的感觉,完全像是走进了一家野外小旅店。

特朗普立即决定买下来,并且改造它。这之后,特朗普将它重新命名为"大海亚特饭店"。这座新兴的饭店,不仅证明了特朗普的办事能力,而且为他带来每年3000万美元的收益。

在商战中打拼,很多时候和做人是一个道理,只有去怀疑,只有拥有自己独特的想法,只有不人云亦云,才能走出一条属于自己的成功道路。

"用怀疑的眼光看世界",这还是启蒙主义重要的一个思想。作为一个企业领导者,要懂得用怀疑的眼光去面对世界,不畏浮云遮望眼,面对机遇,面对风险,面对别人,面对自己,保持怀疑的、谨慎的眼光。一个人云亦云、总是跟在别人后面跑的人,永远不会取得成功。